Andreas Kunkel/
Jule Scherer

Studienführer Sprach- und Literatur- wissenschaften

Bibliografische Information Der Deutschen Bibliothek
Die Deutsche Bibliothek verzeichnet diese Publikation in der Deutschen
Nationalbibliografie; detaillierte bibliografische Daten sind im Internet
über http://dnb.ddb.de abrufbar.

Lexika Verlag erscheint bei Krick Fachmedien GmbH + Co. KG, Würzburg

© 2004 Krick Fachmedien GmbH + Co. KG, Würzburg
Druck: Schleunungdruck GmbH, Marktheidenfeld
Printed in Germany
ISBN 3-89694-420-7

Vorwort

Sind wir ehrlich: Es ist erst ein paar Jahre her, da galt das Studium der Sprach- und Literaturwissenschaften als prädestiniert für die Abiturienten, die mit dem Boom der Internetbranche nichts zu tun haben wollten und die auch an einer Karriere in der klassischen Wirtschaft kaum Interesse zeigten. Für diejenigen, die sich zu „unpolitisch" für die vermeintlich engagierten Studiengänge Politik oder Soziologie fühlten und als zu wenig begabt für den abstrakten Umgang mit kalten Formeln und Fakten.

Heute sieht die Situation etwas anders aus. Sprach- und Literaturwissenschaftler haben – nicht zuletzt durch ihre Verdienste – auch öffentlich klargestellt, dass sie kein Nischendasein führen. Im Gegenteil: Längst haben Physiker wie Philosophen, Ingenieure wie Informatiker, Banker und auch Berufsberater die Bedeutung des Studiums und der Arbeit von Sprach- und Literaturwissenschaftlern anerkannt.

Denn die Leistungen von Sprach- und Literaturwissenschaftlern haben Bestand – im Gegensatz zu manch flüchtigem Trend in der Technik oder Wirtschaft. Sprach- und Literaturwissenschaften leisten ein wertvolles Stück Arbeit für die Verständigung von Gesellschaften. Die Studierenden dieser Fächer interessieren sich für Menschen, Sprachen und Kulturen. Sie richten ihr Augenmerk auf die Feinheiten von Phonetik und Rhetorik und wissen die Facettenreichtümer der gesprochenen und geschriebenen Sprache einzuschätzen. Ihr Wissen ist die Ausgangsbasis für Pädagogen, Anthropologen, Ethnologen, Philosophen, Psychologen, Dolmetscher und selbst Informatiker. Sprach- und Literaturwissenschaftler sind deshalb heute fast überall zu finden: in Web- und Werbeagenturen ebenso wie an Schulen, Forschungseinrichtungen oder in den Medien. Sie arbeiten als Autoren, Übersetzer oder – wegen ihrer großen geistigen Flexibilität – selbst bei Wirtschaftsunternehmen wie der Deutschen Bank, Siemens oder Automobilkonzernen.

Doch wie alles, hat auch die Sprach- und Literaturwissenschaft ihre Schattenseiten. Kaum ein Studiengang ist auf so verwirrende Art und Weise derart vielfältig. Bei keinem anderen Fach sind die Inhalte so ungleich und von Hochschule zu Hochschule so verschieden wie hier. Gefragt und gesucht wird deshalb immer wieder nach einem „roten Faden", der auf dem Weg durch die Hochschule als Orientierung dient, aber auch wichtige Einblicke in etwaige Alternativen ermöglicht.

Wir haben uns deshalb an die Arbeit gemacht, diesen „roten Faden" für Sie zu spinnen, und ihn „Studienführer" genannt. Dieses Buch wird Sie an Ihrer Eigenständigkeit nicht hindern, im Gegenteil: Es soll und wird Sie in Ihrer Freude an Sprache und Literatur bestärken. Es soll Ihnen als wichtiger Ratgeber dienen, wenn Sie bei der Wahl der Hochschule abwägen müssen, über die passende Fächerkombination entscheiden werden oder die Freiheiten des Studiums in Verwirrung umschlagen. Es wird Ihnen zur Seite stehen bei Schwerpunkten, die Sie setzen müssen, oder auch bei angehenden Prüfungen. Und es wird Sie bei allgemeinen Fragen rund um Ihr Studium unterstützen.

Um Ihnen die Übersicht zu erleichtern, hat die Illustratorin Chris Bischoff ein paar kleine „Ratgeber" kreiert – ihr gilt unser Dank.

Ein wichtiger Anreiz zur Arbeit an diesem Buch war unsere Vorstellung, dass Sie diesen Studienführer immer wieder nutzen und möglichst erst nach Jahren beiseite legen werden: Dann, wenn Sie mit einer Magister- oder Diplomurkunde Ihre Hochschule verlassen. Es würde uns freuen, wenn sich dieser Wunsch erfüllt.

Viel Erfolg bei den wohl interessantesten Studiengängen, die man sich vorstellen kann!

Berlin, im März 2004, Jule Scherer
München, im März 2004, Andreas Kunkel

Inhalt

I ALLGEMEINER TEIL

1 Was sind Sprach- und Literaturwissenschaften?

Sprach- und Literaturwissenschaften: ein schöner Studiengang – zumindest dem Namen nach. Da klingt die Vorliebe für Sprachen mit, und damit auch für das Ausland und das Reisen. Logisch, dass ein Sprach- und Literaturwissenschaftler auch gerne Bücher liest und sich dabei vor allem für „hochwertige Belletristik" interessiert. Ist das Studium also geeignet für mich? Womit beschäftigt sich die Sprach- und Literaturwissenschaft überhaupt?

Nun, mit Deutsch-, Englisch- oder Französischunterricht hat das Sprachstudium nur bedingt Gemeinsamkeiten. In der Schule war die Sprache einfach gegeben, Wörter und Grammatik wurden gelernt und deren Gebrauch geübt. Im Studium der Sprach- und Literaturwissenschaften geht es aber nicht mehr nur um den praktischen Gebrauch der eigenen oder einer Fremdsprache. An der Universität wird Sprache als ein historisch gewachsenes Verständigungsmittel gesehen. Jede Sprache hat eine bestimmte Struktur und ein spezifisches geographisches Verbreitungsgebiet. Und weil das Sprachstudium viel mehr umfasst als einfach nur „Deutsch", „Englisch" oder beispielsweise „Italienisch", wird es an den Universitäten meist auch als Philologiestudium bezeichnet, abgeleitet von den altgriechischen Begriffen *philos* für Freund und *logos* für Sprache/Wort. Philologen sind also „Sprachenfreunde".

Aber immer noch bleibt die Frage: Was studieren denn „Sprachenfreunde", wenn es nicht nur um das möglichst perfekte Beherrschen der Sprache geht? Die Studierenden lernen ältere Sprachformen kennen, beschäftigen sich intensiv mit sprach- und literaturwissenschaftlichen, aber auch mit kulturellen und historischen Elementen ihrer jeweiligen Philologie. Ein weiteres Feld nehmen dabei Geschichte und Politik, Wirtschaft und Geographie sowie die sozialen und kulturellen Verhältnisse des jeweiligen Landes ein. Die Gewichtung zwischen dem reinen Sprachunterricht und den anderen Teilgebieten variiert allerdings von Fach zu Fach und von Hochschule zu Hochschule.

Allgemein lässt sich das Studium der Philologie an einer Universität in vier Hauptbereiche unterteilen, die ihrerseits eine fast unüberschaubare Anzahl von Teilgebieten umfassen. Und, um die Verwirrung (zunächst!) komplett zu machen, sind –

gerade in der Germanistik – diese Teilgebiete oft an verschiedenen Instituten untergebracht. Aber nun erst einmal der Reihe nach.

Die vier Hauptbereiche:

(1) Sprachwissenschaften (Linguistik)

Was ist Sprache, wie ist sie strukturiert und wozu dient sie? Das sind einige der zentralen Fragen der Sprachwissenschaften. Die Linguistik, wie die Sprachwissenschaft an den Universitäten genannt wird, beschäftigt sich mit der menschlichen Sprache und Kommunikation, mit ihren Formen und Struktureigenschaften, ihren Funktionen für das Denken und Handeln und ihrer Rolle im gesellschaftlichen Prozess.

Wissenschaftliche Elemente sind unter anderem:

- Die **synchrone und diachrone Sprachforschung:** Dabei untersucht die synchrone Sprachwissenschaft die Sprache zu einem bestimmten Zeitpunkt. Bei der diachronen Sprachforschung steht die Entwicklung der einzelnen Wörter und der Sprache als Ganzes im Zentrum.
- Die **Semantik:** die Lehre von der Bedeutung eines Wortes oder eines Satzes.
- Die **Semiotik:** die Lehre von den Zeichen. Menschen sprechen, schreiben, zwinkern, winken und kleiden sich und setzen somit Zeichen, die andere interpretieren. Die Semiotik untersucht die verschiedensten Zeichenprozesse und erforscht deren Strukturen.
- Die **Dialektforschung:** Was sind Dialekte und wie entstehen sie?
- Die **Soziolinguistik:** der Teil der Sprachwissenschaften, der die Beziehung zwischen Gesellschaft und Sprache untersucht. Hier gibt es Berührungspunkte zu Sozialwissenschaften und Fächern wie Soziologie, Anthropologie oder Psychologie.

(2) Literaturwissenschaften

Das ist der Studienbereich für „Bücherwürmer". Verschiedenste belletristische Werke werden historisch und systematisch betrachtet und analysiert. Autorinnen und Autoren, Epochen, Stile und Textsorten werden untersucht.

(3) Sprachpraxis

Hier geht es um den Sprachunterricht, ähnlich wie in der Schule. Schwerpunkte sind Grammatik und Phonetik. Letztere untersucht, im Gegensatz zur Linguistik, die sich mit geschriebener Sprache beschäftigt, die gesprochene Sprache. Und natürlich gehört das Lernen des Wortschatzes, das Übersetzen, Dolmetschen und Vermitteln in diesen Teilbereich der Sprachwissenschaften.

(4) Landeskunde
Hier lernen die Studierenden alles, was mit Land, Leuten, Mentalität, Geschichte, Politik und Wirtschaft des jeweiligen Landes oder Kulturraums zu tun hat.

Ersti fragt: *Wenn ich Amerikanistik studiere, lerne ich da auch „amerikanisch" zu sprechen oder ist das nur schnöde Theorie?*
Antwort: Man lernt natürlich auch das Sprechen der Sprache, aber im sprachwissenschaftlichen Studium geht es vor allem um die wissenschaftliche Auseinandersetzung mit dem, was die amerikanische Sprache ausmacht. Dennoch ist das Grundstudium, also die ersten vier Semester, meist so aufgebaut, dass die sprachpraktische Ausbildung und die Einführung in die Sprach- und Literaturwissenschaften etwa die gleiche Rolle spielen. Im Hauptstudium wird dann meist ein fundierter Umgang mit der Sprache vorausgesetzt und es geht tiefer in die theoretische Beschäftigung mit speziellen sprach- oder literaturwissenschaftlichen Fragen. Wenn es dein Ziel ist, möglichst perfekt eine Sprache zu sprechen, ist vielleicht eher Übersetzer/Dolmetscher der richtige Studiengang für dich.

2 Welche Abschlüsse sind möglich?

2.1 Der Klassiker: das Magisterstudium

Aus wissenschaftlicher Sicht ist das Magisterstudium die Krönung universitärer Sprachstudiengänge. Die meisten Geisteswissenschaftler schließen ihr Studium mit einem Magister ab, der aus der Tradition der europäischen Universität des Mittelalters stammt. In Deutschland wurde dieser Studiengang 1957 wieder ins Leben gerufen. Seit dieser Zeit hat er sich entscheidend gewandelt, denn ein Hochschulabschluss soll heutzutage auch berufsqualifizierende Aufgaben haben. Ein Studiengang dient also nicht mehr allein der wissenschaftlichen Bildung, sondern soll vielmehr auch die Befähigung vermitteln, einen Beruf auszuüben.

Bei einem Magisterstudiengang werden deshalb die Fächer nicht isoliert studiert, sondern je nach Hochschule mit einem oder zwei meist relativ frei wählbaren Fächern kombiniert. Dazu gibt es bundesweit zwei Modelle, wobei jede Universität in eigener Regie vorgibt, welche Kombinationsmöglichkeiten es gibt und welcher Anteil des Studiums jeweils auf die Haupt- bzw. Nebenfächer fällt.

Modell 1: Die Kombination von zwei Hauptfächern
Hier werden zwei Hauptfächer kombiniert, wobei beide Fächer gleichberechtigt sind (50:50). Dabei können die an der jeweiligen Universität angebotenen sprachlichen und nicht sprachlichen Fächer meist frei untereinander und miteinander kombiniert werden.
Beispiel: Amerikanistik und Politische Wissenschaften oder Italoromanische Philologie und Germanistik als jeweils gleichberechtigte Hauptfächer.

Modell 2: Die Kombination eines Hauptfachs mit zwei Nebenfächern
Ein Hauptfach wird mit zwei Nebenfächern kombiniert. Dabei hat das Hauptfach meist das gleiche Gewicht wie die beiden Nebenfächer zusammen (50:25:25). Es gibt aber auch Universitäten, bei denen das Verhältnis anders ist (60:20:20 oder 60:30:10). Auch hier können die an der Universität angebotenen sprachlichen und nicht sprachlichen Fächer relativ frei unter- und miteinander kombiniert werden.
Beispiel: Anglistik als Hauptfach mit Amerikanistik und Slawistischer Philologie als Nebenfächer oder Sinologie als Hauptfach mit Völkerkunde und Soziologie als Nebenfächer.

Absolventen der Magisterstudiengänge erkennt man am Titel M.A., der hinter dem Namen geführt wird. Hinter den zwei Buchstaben verbirgt sich der lateinische Begriff Magister Artium, der übersetzt „Meister der Künste" heißt. Die weibliche Form, die zunehmend auch verliehen wird, heißt Magistra Artium. Wer also künftig ein M.A. hinter einem Namen entdeckt, weiß, dass diese Person beispielsweise ein sprach-, literatur- oder sozialwissenschaftliches Studium erfolgreich abgeschlossen hat.

Die Abschlussprüfung (Magisterprüfung) setzt sich aus mehreren Elementen zusammen: Eine hohe Hürde ist häufig die **Magisterarbeit** im Hauptfach. Diese wissenschaftliche Abschlussarbeit umfasst üblicherweise 80 bis 100 Seiten, in denen ein abgegrenztes Thema mit wissenschaftlichen Methoden bearbeitet werden muss. Die Prüflinge haben normalerweise sechs Monate Zeit dafür. Dazu kommen in der Regel eine vierstündige **schriftliche Prüfung** im Hauptfach und **mündliche Prüfungen** im (ersten) Hauptfach sowie in den Nebenfächern bzw. dem zweiten Hauptfach. Zur Magisterprüfung müssen sich die Studierenden bei der Philosophischen Prüfungskommission oder beim Magisterprüfungsamt anmelden. Vor der Anmeldung wird überprüft, ob auch alle nötigen Scheine, wie die Leistungsnachweise an der Universität genannt werden, erworben wurden.

2.2 Eher selten: das Diplom

Im Allgemeinen werden Studiengänge in naturwissenschaftlichen, ingenieurwissenschaftlichen, wirtschaftswissenschaftlichen und vereinzelt auch sozialwissenschaftlichen Fächern durch eine Diplomprüfung abgeschlossen. Diplomstudiengänge legen das Hauptgewicht auf ein einziges Studienfach. Wenn andere Fächer mit einbezogen werden, dann nur als das Hauptfach ergänzende Wahl(pflicht)fächer. Sprachen werden aber üblicherweise nicht „auf Diplom" studiert. Einzelne Studiengänge gibt es dennoch: Die Universität Wittenberg-Halle bietet beispielsweise die Studiengänge Diplom-Anglistik und Diplom-Amerikanistik an. Für Germanistik findet sich zum Beispiel ein Diplomstudiengang an der Universität Bamberg. Diese Studiengänge ähneln inhaltlich den Magisterstudiengängen. Aus Gründen vermeintlich besserer Berufschancen für die Absolventen auf dem Arbeitsmarkt haben sie jedoch einen anderen Namen bekommen. Dolmetschen und Übersetzen hingegen wird fast immer auf Diplom studiert. In diesen Studiengängen steht der praktische Gebrauch der Sprache im Mittelpunkt. Sprach- und literaturwissenschaftliche Fragestellungen kommen im Übersetzer- und/oder Dolmetscherstudium – wenn überhaupt – nur am Rande vor.

2.3 Lehramt

Wer die gewählte Fremdsprache später an einer Schule unterrichten will, wird das Fach „auf Lehramt" studieren. Dann heißen die Studienfächer auch nicht mehr Anglistische oder Romanistische Philologie, sondern schlicht Englisch oder Französisch. Dabei sind die möglichen Sprachen und die Kombinationsmöglichkeiten in den einzelnen Bundesländern sehr unterschiedlich. Laut dem deutschen Grundgesetz haben die Länder und nicht der Bund die so genannte Kulturhoheit, das heißt, dass die einzelnen Bundesländer über die schulische Ausbildung auf ihrem Gebiet allein entscheiden können. Das Lehramtsstudium bezieht sich jeweils auf die Ausbildung für einen Schultyp. Dabei gilt, dass Englisch in der Regel für alle Schultypen studierbar ist. Französisch wird meist nur für weiterführende Schulen angeboten, wobei das Studium in manchen Bundesländern nur für Gymnasium und Realschule, in anderen Bundesländern für alle Schultypen im Sekundarbereich möglich ist. Italienisch, Russisch und Spanisch sind in der Regel nur für das Gymnasium zu studieren, alle anderen romanischen (z.B. Portugiesisch) und slawischen Sprachen können meist nicht für den Schuldienst studiert werden. Möglich ist es jedoch, diese als Zusatz- oder Erweiterungsfach zu studieren, das als Ergänzung zur „eigentlichen" Lehramtskombination gilt.

Das Studium der jeweiligen Fachdidaktik umfasst drei Bereiche: den fachwissenschaftlichen, den erziehungs- und gesellschaftswissenschaftlichen sowie den fachdidaktischen Bereich. Gegenstand des Studiums sind demnach die sozialen und individuellen Voraussetzungen sprachlicher Bildung, ihre Ziele, Inhalte, Methoden und Medien. Im Mittelpunkt steht der Erwerb bzw. die Vermittlung von Kenntnissen, Kompetenzen und Haltungen bezüglich der Sprache und der Sprachkultur. Zusätzlich zu dieser Untergliederung der Studieninhalte wird das Studium auch noch in zwei Phasen gegliedert. Die erste ist das eigentliche Studium an der Universität, das mit dem ersten Staatsexamen endet, die zweite Phase ist der so genannte Vorbereitungsdienst (Referendariat) an einem Studienseminar und einer Schule. Sie schließt mit dem zweiten Staatsexamen ab. Erst dann ist die Lehrerausbildung beendet und der Einstieg in den Beamtendienst möglich.

Für die einzelnen Lehramtstypen spielt das Sprachstudium eine jeweils unterschiedliche Rolle:

Grundschule bzw. Primarstufe: Beim Grundschullehramt geht es weniger um die Vertiefung der Sprache als um Pädagogik und Grundschuldidaktik. Englisch wird in vielen Bundesländern inzwischen schon in der Grundschule unterrichtet, sodass angehende Grundschullehrer auch in diesem Fach kompetent sein müssen. Welchen Anteil die Sprachausbildung am siebensemestrigen Grundschullehramtsstudium hat, ist teilweise wählbar und – wie alles in der Lehrerausbildung – von Bundesland zu Bundesland verschieden.

Hauptschule: Das Studium ist vergleichbar mit dem des Grundschullehramts. Das Sprachstudium nimmt aber meist einen größeren Anteil des Stundenplans ein als beim Grundschullehramt. Auch hier ist Englisch als Unterrichtsfach wählbar. Da bei Hauptschullehrern die Fächer mehr im Vordergrund stehen, muss die Fachdidaktik Englisch mit zwei oder drei weiteren Fachdidaktiken kombiniert werden.

Sekundarstufe I: Hierzu zählen, je nach Bundesland, entweder die Klassen 5–10 in allen Schulen oder nur an der Realschule. Man studiert zwei gleichberechtigte Fächer, von denen eines Englisch oder Französisch sein kann. Dabei können beide Fächer aus dem sprachlichen Bereich kommen oder mit einem anderen nicht sprachlichen Fach kombiniert werden. Die Fächer nehmen jeweils 40 Prozent des Stundenplans ein, der Rest wird mit pädagogischen und psychologischen Inhalten bestritten.

Sekundarstufe II: Zu dieser Stufe gehören die oberen Klassen der Berufsschulen und das Gymnasium. Auch hier müssen mindestens zwei Unterrichtsfächer studiert werden, die entweder aus dem sprachlichen oder dem nicht sprachlichen

Bereich kommen können. Für das Lehramt an Berufsschulen gilt: Eine Kombination eines berufspraktischen Fachs und einer Sprache ist möglich.

Beispiel: Verlagswesen kombiniert mit Englisch. Dieser Studiengang ist auf die wissenschaftliche Breite der jeweils studierten Fächer ausgerichtet und soll sowohl die Fähigkeit zur Arbeit mit komplexen Sachverhalten als auch zu fachübergreifendem und interdisziplinärem Arbeiten entwickeln. So entsprechen die Inhalte bei diesem Studiengang häufig denen eines philologischen Studiengangs; Sprach- und Literaturwissenschaften sind also Teil des Studiums.

Die Regeln für Zugangsvoraussetzungen, Inhalte und Kombinationsmöglichkeiten sind von Bundesland zu Bundesland derart verschieden, dass in diesem Buch auf das Lehramtsstudium nicht weiter eingegangen werden kann. Nähere Informationen sind im „Studienführer Lehramt", aktuell im Lexika Verlag erschienen, zu finden.

2.4 Die Neulinge: Bachelor und Master

Seit einigen Jahren gibt es die Abschlüsse Bachelor/Bakkalaureus und Master, die an immer mehr deutschen Hochschulen erworben werden können. 1998 gab es gerade mal etwa 100 dieser alternativ zu Diplom oder Magister zu erwerbenden Abschlüsse. Zum Wintersemester 2001/02 wurden bereits rund 1.000 derartige Studiengänge angeboten.

In Anlehnung an das angelsächsische System der „gestuften Abschlüsse" wird mit dem Bachelor bereits nach sechs oder sieben Semestern ein erster berufsqualifizierender Hochschulabschluss erworben. Damit kann man entweder gleich in das Berufsleben einsteigen oder an einer deutschen oder ausländischen Hochschule nach weiteren zwei bis vier Semestern einen Master-, Magister- oder Diplomabschluss erwerben. Der Mastergrad entspricht einem Diplom- oder Magisterabschluss an einer Universität oder gleichgestellten Hochschule. Das Diplom (FH) entspricht im internationalen Vergleich dem vierjährigen Bachelor honours. Diese Präzisierung ist nötig, weil die Bachelorabschlüsse ausländischer Bildungssysteme bei weitem nicht so eindeutig definiert sind, wie es der international verbreitete Gebrauch des Begriffs vermuten lässt. Damit Studiengänge, die praxislastiger sind, von den stärker theorieorientierten unterschieden werden können, werden Letztere Bachelor/Master of Arts genannt. Zu diesen gehören auch die sprachwissenschaftlichen Studiengänge. Fachhochschulen und Universitäten können drei verschiedene Stufungsmodelle anbieten:

Grundständig: Das heißt, der Studiengang wird an der Hochschule nur mit dem Abschluss Bachelor angeboten.

Konsekutiv: Das heißt, dass der Studiengang mit dem grundständigen Bachelorabschluss und einem inhaltlich darauf aufbauenden Masterstudium angeboten wird.

Postgradual: Das heißt, dass nur ein auf einen Bachelor oder beliebigen anderen Hochschulabschluss aufbauender Masterstudiengang angeboten wird.

Weitere Kennzeichen dieser neuen eigenständigen Studiengänge sind die Modularisierung der Lehrinhalte, studienbegleitende Prüfungen und ein Leistungspunktesystem. Dabei werden so genannte Credit Points im Laufe des gesamten Studiums gesammelt. So ergibt sich die Abschlussnote nicht nur aus den erbrachten Leistungen in der Abschlussprüfung, wie bei vielen anderen Universitätsabschlüssen, sondern aus der gesamten Studienzeit. Viele Hochschulen in Deutschland haben sich bereits dem European Credit Transfer System (ECTS), einem europaweiten System zur gegenseitigen Anrechnung von Studienleistungen, angeschlossen. Das System soll dazu beitragen, dass im Ausland erbrachte Studienleistungen einfacher an der heimischen Hochschule anerkannt werden können.

Das Bachelorstudium konzentriert sich auf ein Kernfach, das durch weitere wissenschaftliche oder fachübergreifende Fächer ergänzt wird. Das Masterstudium führt zu einem weiteren Abschluss, der auch die Berechtigung zur Promotion mit einschließt. Studienvoraussetzung ist – je nachdem, ob man den Bachelorstudiengang an einer Universität oder Fachhochschule studieren will – das Abitur oder die Fachhochschulreife. Für den Masterstudiengang ist ein erster berufsqualifizierender Abschluss (Bachelor, Diplom, Magister oder Staatsexamen) nötig.

Mit der neuen Studienstruktur soll die im internationalen Vergleich relativ lange Studienzeit verkürzt, die internationale Kompatibilität deutscher Studienabschlüsse verbessert und somit die Nachfrage ausländischer Studierender nach Studienplätzen in Deutschland erhöht werden. Zusätzlich soll der neue Studienaufbau in vorgeschriebenen Modulen dazu beitragen, dass Studierende sich leichter orientieren können. Es soll aber nicht unerwähnt bleiben, dass hinter der Einführung dieser neuen, verkürzten Studiengänge nicht allein das Wohl der Studierenden steht. Auch die Wirtschaft hat gewisse Ansprüche angemeldet: Sie fordert weniger auf breitem Feld wissenschaftlich ausgebildete Absolventen, sondern solche, die eine kurze, klar auf eine berufliche Zukunft ausgerichtete universitäre Ausbildung genossen haben.

Manche Hochschulen, wie zum Beispiel die Universität Bochum, haben bereits alle Magisterstudiengänge in Bachelor- bzw. Masterstudiengänge umgewandelt. An anderen existieren Diplom- und Magisterstudiengänge weiterhin parallel zu den neuen Abschlüssen. Wie oben angesprochen, wächst die Zahl der neuen Abschlüsse sehr schnell. In diesem Buch werden die aktuellen Lehrangebote beschrieben, die Wahrscheinlichkeit, dass von Semester zu Semester neue Bachelor- und Masterstudiengänge gegründet werden, ist jedoch groß. Es empfiehlt sich – und das in jedem Falle –, noch einmal die Internetseiten der einzelnen Hochschulen (Adressen siehe Anhang) abzusurfen.

2.5 Staatliche Prüfung für Übersetzer und Dolmetscher

Neben der Sprachenausbildung an Fachhochschulen und Universitäten bieten zahlreiche – oft Fachakademien genannte – staatliche und private Lehrinstitute eine Ausbildung zum Übersetzer und/oder Dolmetscher an. Die Ausrichtungen, die Dauer und auch die Kosten dieser Ausbildung variieren von Akademie zu Akademie. Zugangsvoraussetzung ist in den meisten Fällen ein Abschluss der zwölften Klasse. Die Ausbildung dauert in der Regel drei Jahre und schließt in den meisten Bundesländern mit einer staatlichen Übersetzerprüfung ab. Danach kann eine weitere Staatsprüfung zum Dolmetscher abgelegt werden.

Surftipps vom Uni-Nerd:

- http://www.studienwahl.de (Studienseite der Bundesagentur für Arbeit mit einem Verzeichnis aller Studiengänge)
- http://www.hochschulkompass.de (Das Informationsangebot der Hochschulrektorenkonferenz über alle deutschen Hochschulen und deren Studienangebote)
- http://www.wege-ins-studium.de (Eine gemeinsame Initiative der Bundesagentur für Arbeit, des Bundesministeriums für Wissenschaft und Bildung, des Studentenwerks und vielen anderen. Mit nützlichen Links und Informationen)

Unter folgenden Adressen befinden sich Informationen der einzelnen Bundesländer über Hochschulen und Studienangebote. Mit aktuellen Links zu den jeweiligen Hochschulen.

- http://www.studieninformation.de (Baden-Württemberg)
- http://www.stmwfk.bayern.de/hochschule/hochschule.html (Bayern)
- http://www.science.berlin.de (Berlin)
- http://www.science.berlin.de (Brandenburg)
- http://www.bildung.bremen.de (Bremen)
- http://www.hamburg.de (Hamburg)
- http://www.hmwk.hessen.de (Hessen)

- http://www.kultus-mv.de (Mecklenburg-Vorpommern)
- http://www.studieren-in-niedersachsen.de (Niedersachen)
- http://www.bildungsportal.nrw.de (Nordrhein-Westfalen)
- http://www.mwwfk.rlp.de (Rheinland-Pfalz)
- http://www.bildung.saarland.de/1517.htm (Saarland)
- http://www.sachsen.de/de/bw/index.html (Sachsen)
- http://www.studieren-in-sachsen-anhalt.de (Sachsen-Anhalt)
- http://landesregierung.schleswig-holstein.de (Schleswig-Holstein)
- http://www.thueringen.de/de/tmwfk/hochschulen/index.html (Thüringen)

3 Wo soll ich studieren?

Nachdem nun die verschiedenen für Sprach- und Literaturwissenschaftler möglichen Abschlüsse vorgestellt wurden, stellt sich eine weitere und für den Verlauf des Studiums nicht unwesentliche Frage: An welcher Hochschule, an welchem Ort soll ich studieren? Im Wesentlichen spielen für diese Entscheidung drei Faktoren eine große Rolle. Zum einen: Der Ort, an dem studiert werden soll, die Hochschule selbst und natürlich die Fächer und Schwerpunkte, die die jeweilige Hochschule an ihren philologischen Instituten anbietet. Aber langsam und der Reihe nach.

3.1 Um die Ecke oder in die große weite Welt?

Für die meisten ist das Studium die erste Möglichkeit, mehr oder weniger frei darüber zu entscheiden, wie das (Berufs-)Leben sich entwickeln soll. Deshalb ist es auch wichtig, *wohin* dieser erste Schritt führen soll. Viele Studienbewerber wollen in der Nähe ihres Heimatortes studieren. Entweder weil sie an ihren Freunden und Bekannten hängen oder weil sie Kosten sparen wollen oder müssen und weiterhin bei ihren Eltern wohnen können. Die individuelle Entscheidung ist vom Charakter des Studienstarters abhängig. Zu Hause gibt es Nestwärme, die zu Beginn des Studiums, wenn ohnehin viel Neues bewältigt werden muss, eine gute Unterstützung sein kann. Wer vielleicht Kontaktschwierigkeiten hat oder sich Schritt für Schritt vom Elternhaus lösen will, wird also wahrscheinlich die nächstgelegene Hochschule wählen.

Für andere wiederum ist klar, dass sie nun die Möglichkeit haben, in eine neue, aufregende Stadt zu ziehen, wo sie endlich weitab vom elterlichen Auge das viel besungene Studentenleben führen können. Neue Eindrücke und neue Freunde warten nur darauf, gewonnen zu werden. Gegen die Universität vor der eigenen Haustür spricht auch, dass der Arbeitsmarkt gerade von Geisteswissenschaftlern ein hohes Maß an Mobilität und Flexibilität erwartet. In diesem Punkt kann man also bereits erste Zeichen setzen. Wichtig für die Ortswahl sind auch Angebote zur Freizeitgestaltung, wie die Kneipenkultur oder auch das Flair einer Stadt.

Wer sich noch nicht sicher ist, schon die Trennung vom Elternhaus vollziehen zu wollen, kann das Studium in Heimatnähe beginnen und im Verlauf des Studiums, etwa zum Vordiplom oder zur Zwischenprüfung nach ca. vier Semestern, die Universität wechseln.

3.2 Kleine oder große Universität?

Oft machen sich Studienanfänger gar nicht so viele Gedanken über die Wahl ihrer Hochschule und schreiben sich einfach an der nächsten, größten oder bekanntesten Universität ein. Dabei hängt die Größe oft von der Art der Hochschule ab: Universitäten sind meist größer als Fachhochschulen. Auch die geographische Lage spielt eine Rolle: Die Hochschulen in den neuen Bundesländern sind oft etwas kleiner und meist sehr modern ausgestattet. Die Lehrenden sind dort im Schnitt vielerorts jünger als bei den großen, traditionellen Hochschulen in den alten Ländern.

An kleineren Universitäten sind etwa 5.000 bis über 20.000, an den größten deutschen Hochschulen 40.000 bis 60.000 Studierende immatrikuliert. Bei Fachhochschulen ist die Zahl grundsätzlich eher kleiner. Sehr große haben bis zu 10.000, mittlere zwischen 1.000 und 5.000 Studierende, kleine bis zu 1.000.

Im Allgemeinen lässt sich sagen, dass an einer großen Hochschule das Fächer- und Lehrangebot natürlich größer ist. Ungeliebten Dozenten beispielsweise kann man hier eher aus dem Weg gehen. An einer kleineren Hochschule hingegen ist in der Regel die Betreuung durch Dozenten und Professoren besser und die Atmosphäre persönlicher.

Ein weiterer Punkt, der nicht außer Acht gelassen werden darf, ist die Infrastruktur der Universität. Zwar ist die Betreuung an einer kleinen sicherlich besser, die Bibliotheken sind jedoch an einer großen Universität meist reichlicher ausgestattet und die Auswahl an Veranstaltungen ist größer. Dafür muss man an den großen Universitäten leider viel zu oft mit „Sardinenfeeling" studieren. Gerade in den ersten Semestern sind die Einführungsveranstaltungen, die von allen Studierenden pflichtgemäß besucht werden müssen, oft hoffnungslos überfüllt. Kampf um den

Sitzplatz, mangelnder Sauerstoff in Seminarräumen, ständig ausgeliehene Bücher und zu wenig Referatsthemen sind die Folge dieser „Überbuchung".

Vor allem Studienanfänger kostet das am Anfang jede Menge Nerven. Trotz seit Jahrzehnten geführter Diskussionen über Hochschulpolitik und katastrophale Studienbedingungen, trotz wiederholter Proteste der Studierenden und angefangener, aber selten zu Ende gebrachter Reformen hat sich an diesem Problem kaum etwas geändert. Ende der 70er-Jahre hofften Hochschulpolitiker, dass die Überfüllung der Universitäten aufgrund der geburtenschwächeren Jahrgänge teilweise von selbst zurückgehen würde. Doch daraus wurde nichts: Der Anteil derer, die sich nach dem Abitur (oder auch nach einer Ausbildung) an den Universitäten immatrikulierten, stieg zur gleichen Zeit um etwa den gleichen Prozentsatz an. Bei immer mehr Studierenden hat sich an der Zahl der Lehrenden nicht bedeutend viel geändert.

Es bleibt leider zu bezweifeln, ob die Ansätze, die in den vergangenen Jahren besprochen wurden, wie zum Beispiel Aufnahmeprüfungen zur „Aussiebung der Elite" oder der Einführung von Studiengebühren, dem Übel überlasteter Universitäten Abhilfe schaffen können bzw. wünschenswert sind.

Die Erfahrungen der Studierenden sind jedoch sehr unterschiedlich. Und die Um- und Zustände an den Universitäten und Fachhochschulen variieren von Stadt zu Stadt und von Studienfach zu Studienfach stark. Wer etwa Sinologie oder Slawistik studiert, hat sicherlich weniger mit überfüllten Hörsälen zu kämpfen als jemand, der sich für Germanistik oder Anglistik entscheidet.

Doch wer sich an einer großen Universität eingeschrieben hat, muss nicht gleich alle Hoffnungen auf ein erfüllendes Studium aufgeben. Im Laufe des Studiums ist der Alltag weit weniger dramatisch, als sich das vielleicht im Vorfeld anhört. Oft ist das Kultur- und Nachtleben einer Großstadt schon Entschädigung genug für manchen Missstand an einer Massenuni. In den meisten Fällen minimiert sich die Teilnehmerzahl an Vorlesungen im Laufe eines Semesters auch gewaltig. Viele Studierende schauen sich zunächst mehrere Lehrveranstaltungen an und kürzen den Stundenplan, wenn sie merken, dass sie sich zu viel vorgenommen haben. Nach drei, vier Wochen ist es so auch in vielen Veranstaltungen gar kein Problem mehr, einen Sitzplatz zu bekommen. Also: nur nicht gleich aufgeben.

Endgültig überwunden sind die Schwierigkeiten auch an den meisten großen Universitäten mit Beginn des Hauptstudiums: Es gibt nicht mehr so viele Pflichtveranstaltungen und die Auswahl an Seminaren ist größer, sodass sich die Masse der Studierenden über viele Einzelveranstaltungen verteilt.

Zum „Abchecken" der Studienbedingungen können Uni-Rankings recht hilfreich sein. Diese sind zwar aufgrund ihrer Erhebungsmethoden umstritten, bieten jedoch einen ersten Anhaltspunkt. Ob man sich an einer kleineren oder einer größeren Universität wohler fühlt, hängt sicherlich auch vom Charakter des Einzelnen ab. Die Entscheidung ist nicht selten ein Kompromiss aus guter Betreuung und großem Lehrangebot.

Ersti fragt: *Was sind eigentlich Hochschulrankings?*

Antwort: Hochschulrankings nennt man Befragungen über den Ruf einer Hochschule oder eines bestimmten Fachs an einer Hochschule. Viele Zeitschriften geben inzwischen Rankings heraus, die immer wieder unterschiedlich ausfallen. Das liegt daran, dass es kein einheitliches System zur Feststellung des Rufs von Universitäten gibt. Rankings werden meist nach den folgenden drei Kriterien erstellt:

- Studenten werden nach ihrer Meinung über die Hochschule gefragt.
- Professoren, Personalchefs und Manager bewerten die jeweilige Hochschule oder das Fach.
- Objektive Kriterien werden zur Bewertung herangezogen. Wie viele Studierende kommen auf wie viele Studienplätze? Wie ist das Zahlenverhältnis Studierende zu Lehrenden? Wie viele Semester brauchen die Studierenden an der jeweiligen Hochschule bis zum Abschluss?
- Bei der Verschiedenartigkeit der Systeme wundert es nicht weiter, dass diese völlig unterschiedliche Ergebnisse produzieren. Rankings sind also keinesfalls objektiv und der Wahrheit letzter Schluss. Sie messen weder die Qualität der Lehre noch die der Forschung, noch können sie Aussagen zu einem späteren Erfolg der Absolventen auf dem Arbeitsmarkt treffen. Sie können also nur eine grobe Orientierungshilfe sein.
- Am besten ist es immer noch, einen Tag zu investieren und sich selbst ein Bild von der Wunschuni zu machen, vielleicht eine Vorlesung zu besuchen und mit der Studienberatung vor Ort und den Studierenden zu sprechen.

@ Links:

- http://www.hochschul-ranking.de (Informationen zu Methoden, Bedeutung und Sinn von Hochschulrankings)
- http://www.dashochschulranking.de (Hochschulranking von Stern und dem Centrum für Hochschulentwicklung, CHE)
- http://www.spiegel.de/unispiegel/studium (Hochschulranking des Spiegels, kostenpflichtig)

3.3 Weitere Kriterien

Neben der Nähe zum Heimatort und der Größe der Universität können noch eine ganze Menge weiterer Kriterien für eine Hochschule und einen Studienort wichtig sein:

Schwerpunktbildung: Im Hauptstudium wählt man einen Schwerpunkt, in dessen Rahmen dann in der Regel auch die Abschlussarbeit verfasst wird. Von Hochschule zu Hochschule werden andere Schwerpunkte angeboten, daher ist es wichtig, sich diese Angebote vorher anzusehen. Wer etwa Slawistik studieren will, muss natürlich nicht alle slawischen Sprachen beherrschen, sondern kann sich auf einzelne Sprachen wie Russisch, Bulgarisch oder Serbokroatisch spezialisieren. Auch kann zum Beispiel gewählt werden, ob etwa Cultural Studies, Sprach- oder Literaturwissenschaft oder Mediävistik (also Lehre der Sprache im Mittelalter) im Mittelpunkt des Hauptstudiums stehen. Daneben gibt es auch relativ spezielle Ausrichtungen wie etwa an der Universität Hamburg, wo Germanistik mit dem Schwerpunkt Theater und Medien angeboten wird. Grundsätzlich gilt, dass mit der „Größe" des Fachs und der Anzahl der Lehrenden in diesem Fach die Anzahl der Schwerpunkte zunimmt. Wer schon genau weiß, in welche Richtung das Studium gehen soll, oder sich zunächst einfach nur orientieren will, findet in den Publikationen des jeweiligen Instituts oder auf dessen Internetseite weitere Informationen.

Breite des Lehrangebots: Es spielt eine große Rolle, ob man aus drei, 13 oder 30 verschiedenen Seminaren auswählen kann. Neben der Anzahl sollte man aber auch auf die inhaltliche Breite der Lehrveranstaltungen achten. Gerade in den Literaturwissenschaften sind zum Beispiel manche Universitäten mehr der klassischen Literatur, andere der modernen zugewandt. Informationen über das Lehrangebot findet man im Vorlesungsverzeichnis, das es bei der Universität vor Ort und meistens auch im Internet gibt.

Zahl der Professoren und Mitarbeiter/Zahl der Studierenden: Einen ersten Eindruck über das Betreuungsverhältnis an der zukünftigen Uni erhält man aus dem Verhältnis der Professoren und Mitarbeiter zu den Studierenden. Die Zahl der Professoren und Mitarbeiter ist im Jahresbericht der Hochschule und im Vorlesungsverzeichnis zu finden. In vielen Uni-Rankings tauchen diese Zahlen ebenfalls auf.

Der Mensch lebt nicht vom Brot (oder hier den Studieninhalten) allein, auch das äußere Umfeld in der Stadt sollte unter die Lupe genommen und kritisch beurteilt werden. Monatliche Mietkosten beispielsweise reißen schnell ein großes Loch ins meist knapp bemessene Studierendenbudget. Besonders in größeren Städten ist der

Wohnungsmarkt oft angespannt, was deutlich höhere Mieten zur Folge hat. Studentische Wohnheimplätze sind meist erheblich günstiger als eine eigene Wohnung vom freien Wohnungsmarkt, jedoch ist ihre Anzahl beschränkt. Die Preise und die Verfügbarkeit von Wohnheimplätzen ist bei der Zimmervermittlung des Studentenwerks vor Ort zu erfragen. Doch nicht allein die Zahl der Wohnheimplätze oder das Mietangebot, sondern auch die Möglichkeit zum schnelleren Aufbau von Beziehungen zu anderen Kommilitonen kann ein wichtiges Argument für oder gegen einen Hochschulort sein. Weiteres zum Thema im Kapitel Wohnen.

Lebenshaltungskosten: Neben den Kosten für die Unterkunft variieren mit dem Studienort auch die übrigen Alltagskosten. Das gilt beispielsweise für den öffentlichen Nahverkehr (Gibt es Semestertickets oder muss jeden Monat ein Ticket gekauft werden?), in Kneipen und natürlich auch in Supermärkten. Am preisgünstigsten sind Kleinstädte oder mittelgroße Orte mit ländlichem Umland. Am teuersten ist es in Großstädten wie Hamburg, München, Köln, Düsseldorf, Frankfurt und Stuttgart.

(Studienbezogene) Jobangebote: Mehr als die Hälfte aller Studierenden jobbt neben dem Studium. Und das nicht wenig: im Schnitt auf das Jahr gerechnet sogar zwölf Stunden in der Woche. Nicht jeder Hochschulort bietet die gleichen Möglichkeiten, einen Job zu finden. In großen Städten gibt es mehr und besser bezahlte Arbeitsmöglichkeiten als in mittelgroßen und kleinen. Weitere Faktoren sind die Wirtschaftsstruktur (gerade für studienbezogene Jobs von großer Bedeutung) und die Zahl der Studierenden in einer Stadt (je höher der Anteil der Studierenden an der Gesamtbevölkerung der Stadt, desto geringer die Chancen, einen Job zu bekommen). Die Studentenwerke vieler Unis betreiben Vermittlungsstellen, bei denen die Zahl der Arbeitswilligen oft die Zahl der Jobs bei weitem übersteigt.

Studentische Szene: Sind wir mal ehrlich – man studiert ja nicht allein, um „etwas zu werden" und eine berufliche und wissenschaftliche Karriere in kürzester Zeit anzustreben. Außerdem ist das Umfeld, in dem man einige Jahre verbringen wird, wichtig für die eigene Motivation, zur Ausbildung verschiedener Standpunkte und natürlich auch, um eine gute Zeit zu haben. Es gibt regelrechte „Studentenstädte", in denen Cafés, Studentenkneipen und Partymöglichkeiten an jeder Ecke zu finden sind. In manchen Städten geht es etwas schicker zu, in anderen legerer. Informationen über die mögliche Wunschstadt gibt es entweder bei der Studierendenvertretung der Hochschule, in Stadtmagazinen und natürlich im Internet.

Kulturelle Angebote: Gerade für Studierende der Sprachwissenschaften haben kulturelle Veranstaltungen oft einen besonderen Stellenwert. Sei es die Möglichkeit, sich Filme in der Originalfassung anzusehen, öfter ins Theater zu gehen oder auch

Lesungen, Konzerte und Club-Events zu besuchen. Auskünfte über das kulturelle Angebot gibt es beim Kulturamt der Stadt, in Stadtmagazinen und den regionalen Tageszeitungen.

Erholungswert: Nach all dem Büffeln und Studieren muss man sich auch mal erholen. Die meisten Universitäten haben zum Beispiel ein Sportangebot, das mehr oder weniger vielfältig ist. An manchen Unis kann man von Rollerbladen über Salsatanzen bis hin zu Karatekursen fast alles belegen. Informationen darüber gibt es beim Studentenwerk. Aber auch die Lage der Stadt ist für die Erholung nicht unwesentlich: Wie viele Freibäder gibt es? Sind Seen in der Nähe? Um diese Fragen zu beantworten, steht das Fremdenverkehrsamt der jeweiligen Stadt zur Verfügung.

Nach so vielen Kriterien, die für oder gegen die Wahl eines Studienorts sprechen, nun noch folgende Anmerkung: Es gibt nicht *den* perfekten Studienort. Jeder legt auf etwas anderes mehr Wert und jede Hochschulstadt hat ihre Vorteile. Wer sich noch nicht sicher ist, kann Freunde und Bekannte fragen, die vielleicht schon studieren, oder einfach mal in den Ort fahren und sich umsehen.

4 Studienvoraussetzungen

4.1 Das Latinum und andere erforderliche Sprachkenntnisse

Nach 13 (in einigen Bundesländern zwölf) Jahren Schule, dem Abitur in der Tasche und reiflichen Überlegungen steht die Richtung, in die das Studieninteresse geht, in der Regel fest. Und dann heißt es plötzlich: Vorsicht – weitere Studienvoraussetzungen! Als ob das Abitur nicht schon genug Arbeit gewesen wäre.

Von angehenden Sprachwissenschaftlern wird in den meisten Bundesländern ein Latinum gefordert. Für das Lehramt ist es die Regel, wer an der Fachhochschule studieren will, kommt sogar ganz ohne Latein aus. Allerdings werden die meisten ein Magisterstudium an der Universität anstreben und hier sind die Regelungen teilweise sehr unterschiedlich. Glück also für die, die sich in der Schule für diese Sprache entschieden und dort das Latinum in fünf Jahren erworben haben. Denn für alle anderen wird es etwas komplizierter. Der Umfang der erforderlichen Kenntnisse variiert in den Vorstellungen der Hochschulen und Oberschulämtern. Als Minimalanforderung gelten die so genannten „Lateinkenntnisse", die dem Stoffumfang von drei Schuljahren entsprechen. Da reicht es meist, wenn man die Schulzeugnisse von drei aufsteigenden Jahren (etwa siebte, achte und neunte

Klasse) vorzeigen kann. Die Note des dritten Jahres muss allerdings besser als „5" sein. Um die nächsthöhere Anforderung, das „Latinum", zu erwerben, müssen Gymnasiasten die Sprache der alten Römer entweder durchgehend von der fünften bis zur zehnten oder von der siebten bis zur elften Klasse pauken. Natürlich muss auch hier das letzte Jahr mindestens mit der Note ausreichend benotet worden sein. Wer noch länger Lateinunterricht genießen konnte, ist in dieser Frage ohnehin aus dem Schneider.

Um die Sache noch nervender zu machen, ist nicht nur die Tiefe der Lateinkenntnisse unterschiedlich, auch der Zeitpunkt, an dem diese vorgewiesen werden müssen, unterscheidet sich von Universität zu Universität. Manchmal muss das Latein zur Zwischenprüfung bzw. zum Vordiplom nachgewiesen werden, in anderen Fällen kann man sich bis zur Abschlussprüfung Zeit lassen.

Ersti fragt: *Wie komme ich denn an die Lateinkenntnisse, wenn ich sie nicht schon in der Schule erworben habe?*

Antwort: Alle Universitäten bieten Lateinkurse an. Diese gehen meist recht strikt und intensiv voran, denn das, was in der Schule in mindestens drei Jahren gelernt wurde, wird jetzt in zwei Semestern abgehandelt. In vier Stunden pro Woche (bei ca. 16 Vorlesungswochen in einem Semester macht das 64 Stunden) wird der Stoff aus eineinhalb Jahren Schulunterricht erarbeitet. Klar, dass man da viel zu lernen hat. Nach dem zweiten Semester gibt es eine Klausur. Wer die besteht, hat die so genannten Lateinkenntnisse, die für ein Magisterstudium meist schon ausreichen.

Wer ein Latinum fürs Studium braucht, muss noch mindestens ein Semester dranhängen, in dem die „klassischen Meister" wie Cäsar, Cicero, Livius und Sallust gelesen – na sind wir ehrlich, nicht nur gelesen, sondern vor allem übersetzt – werden müssen. Nach diesem Lektürekurs folgt die Latinumprüfung, die in einigen Bundesländern der Grundkursprüfung aus dem Abitur entspricht. Die Prüfung gliedert sich in zwei Teile: Der schriftliche Teil umfasst einen unbekannten lateinischen Text von 160 bis 180 Wörtern, der innerhalb von drei Stunden ins Deutsche zu übersetzen ist. Als bestanden gilt die Prüfung, wenn sie mit der Note „ausreichend" bewertet wurde. Dann wird der Prüfling zum zweiten Teil, der mündlichen Prüfung (30 bis 45 Minuten), zugelassen. Hier erhält er einen kurzen Text von 20 bis 50 Wörtern, die er in einer Vorbereitungszeit von zehn bis 20 Minuten übersetzen muss. In der übrigen Zeit fragen die Prüfer Grammatik und historisches Grundwissen ab. Je nach Bundesland kann von dieser Regel aber erheblich abgewichen werden. An manchen Universitäten gibt es diese Kurse auch im Intensivformat in den Semesterferien.

In manchen Fällen können die Lateinkenntnisse durch andere Kenntnisse ausgeglichen werden. Oft ist es zum Beispiel für Studierende der Slawistik möglich, die Lateinkenntnisse durch den Nachweis von Kenntnissen in Altgriechisch zu ersetzen.

In anderen Fächern wird wiederum nicht nur Latein als Sprachnachweis gefordert. Auch hier gilt es, nachzufragen. Ein Trost für alle angehenden Magister: Für das Gymnasiallehramtsstudium Englisch werden in manchen Bundesländern beispielsweise zusätzlich Grundkenntnisse in Französisch verlangt. Damit haben wiederum die ein Problem, die im Gymnasium „nur" Englisch und Latein hatten.

Was andere Sprachen neben Latein und Griechisch betrifft, ist es meist so, dass bei einem Englisch-, Französisch- und manchmal auch im Spanischstudium Vorkenntnisse erforderlich sind. Bei anderen wie den slawischen Sprachen oder in der Sinologie ist es möglich, ohne Vorkenntnisse das Studium zu beginnen. Genauere Informationen zu diesem Thema finden sich im Teil II dieses Studienführers.

Es ist in diesem Buch leider nicht machbar, eine Liste aller formal erforderlichen Sprachkenntnisse aufzustellen. Einerseits wäre das Buch dann schon gefüllt, ehe die einzelnen Fächer angesprochen werden, und zum anderen verändert sich auf diesem Gebiet ständig so viel, dass viele Angaben wahrscheinlich schon wieder veraltet wären, bevor das Buch überhaupt erscheint. Also: Am besten bei der Studienberatung der Hochschule anrufen (oder im Internet gucken) und überprüfen, was der derzeitige Stand ist.

Studitipp: Schiebt die Fremdsprachenkurse nicht bis zum letzten möglichen Semester auf. Zum einen wird das, was man für die Uni tun muss, nicht weniger, zum anderen steht man blöd da, wenn man alle Scheine zusammenhat, sich für die Abschlussprüfung anmelden möchte und dann im Sprachkurs durchfällt. Und auch, wenn das Lateinlernen vielleicht nicht allen immer Spaß macht: Gerade wer romanische Sprachen studiert, kann sein Wissen auch im Studium nutzen!

4.2 Numerus clausus und andere Hürden

Der eine oder andere hat vielleicht schon einmal gehört, dass viele Studienplätze über die Zentrale für die Vergabe von Studienplätzen in Dortmund (ZVS) vergeben werden. Die ZVS ist jedoch für zukünftige Studierende der Sprach- und Literaturwissenschaften ohne Bedeutung! Für sie kann vielmehr der Numerus clausus, kurz NC, von entscheidender Bedeutung sein, bestimmt er doch oft, ob man ein Fach (sofort) studieren kann oder nicht. Was ist also der geheimnisvolle Numerus clausus? Da an den meisten Universitäten die Zahl der Studienplätze beschränkt ist, wird zur Auswahl der Bewerber ein NC bestimmt. Die Kriterien für die Höhe des NCs sind dabei Abiturnote und Wartezeit. Von lokalen NCs sind vor allem Dolmetscher und Übersetzer betroffen. Dennoch ist erfahrungsgemäß die Zahl der Verunsicherungen und Nachfragen auch bei Sprachwissenschaftlern so groß, dass das System der Studienplatzvergabe hier kurz vorgestellt werden soll:

Je nach Fach gibt es verschiedene formale Anforderungen. Zu unterscheiden sind
1) Fächer ohne jede Zulassungsbeschränkung.
2) Fächer mit einer Zulassungsbeschränkung an der jeweiligen Hochschule. Diese kann entweder durch einen lokalen NC oder eine Eignungs- oder Aufnahmeprüfung festgeschrieben sein.
3) Fächer, die dem allgemeinen Auswahlverfahren der ZVS unterliegen (nicht für Sprach- und Literaturwissenschaften relevant).

1) Relativ einfach ist die Bewerbung für Studiengänge ohne Zulassungsbeschränkung. Innerhalb der Immatrikulationsfrist kann man sich unabhängig von der Abiturnote oder einer Wartezeit an der gewünschten Hochschule anmelden bzw. „einschreiben" und im kommenden Semester mit dem Studium beginnen. Was dafür alles nötig ist und wie genau das funktioniert, wird später noch beschrieben.

2) Schwieriger wird es bei Fächern, für die eine Zulassungsbeschränkung besteht. Für diese Fächer muss man sich direkt an der jeweiligen Hochschule bewerben. Die Fächer sind zulassungsbeschränkt, wenn es in der Regel mehr Bewerber als Studienplätze gibt. Ausgesiebt wird dann mittels des NCs (Abiturnote und Wartezeit). Als Wartezeit zählt all die Zeit, die man nach dem Abitur *nicht* an einer Hochschule in Deutschland eingeschrieben ist. Wartezeit ist also Alter des Abiturzeugnisses zum Zeitpunkt der Bewerbung in Halbjahren (Semestern) abzüglich der in Deutschland studierten Hochschulsemester. Wer zum Beispiel in diesem Jahr sein Abizeugnis überreicht bekommt und sich nicht immatrikuliert, hat in drei Jahren automatisch sechs Wartesemester. Diese sind universal für alle Fächer an allen Hochschulen einsetzbar.

So funktioniert der NC
An einer Universität werden nach Eingang der Bewerbungen zwei Reihen gebildet, eine nach dem Abiturschnitt und eine nach der Wartezeit. Alle Bewerber werden jeweils – entweder von der Note 1,0 bis 4,0 oder eben nach Wartesemestern von 16 bis Null – aufgereiht. Meistens werden 60 Prozent der Plätze nach der Abitur-

notenrangliste vergeben, die restlichen nach der Wartezeit. Hat eine Universität also beispielsweise 100 Plätze, werden nach der Notenliste die 60 mit dem besten Abitur zugelassen. Die Note, die gebraucht wird, um „reinzukommen", unterschiedet sich also von Jahr zu Jahr, je nachdem, wie viele Bewerbungen eingegangen sind und wie gut die Bewerber waren. Hier kann es etwa sein, dass alle Bewerber bis zur Note 2,1 zugelassen werden. Bei der zweiten Rangliste verhält es sich genauso. Die 40 Bewerber mit den meisten Wartesemestern bekommen einen Studienplatz – der Rest geht leer aus.

Sollten Studienbewerber auf ihre bereits gesicherten Plätze verzichten, gibt es ein so genanntes Nachrückverfahren. Dabei kann es passieren, dass man den Nachrückbescheid – also die Zulassung zum Studienfach – erst kurz vor oder sogar nach Anfang des Semesters bekommt.

Von den sprach- und literaturwissenschaftlichen Fächern haben die wenigsten einen NC. Wer die Studiengänge Übersetzen oder Dolmetschen (egal ob an der Universität oder an einer FH) absolvieren möchte und wissen will, wie hoch der NC für das jeweilige Fach an der jeweiligen Hochschule im nächsten Semester sein wird, tut sich schwer. Die Bewerberzahlen und deren Abiturnoten und Wartesemester schwanken nämlich von Jahr zu Jahr und somit kann sich auch der NC jährlich ändern. Als Anhaltspunkte können meist die NCs der letzten Jahre gelten, doch Verlass ist darauf nicht: Lag der NC für ein Dolmetscherstudium für Französisch an der Universität Mainz in einem Halbjahr noch bei 2,2, so wurden in den Jahren darauf alle Bewerber zugelassen; in Englisch sank er innerhalb weniger Semester von 2,3 auf 2,7.

Andere Auswahlverfahren

Die Universität Leipzig oder die Fachhochschule Magdeburg-Stendal beispielsweise gehen einen anderen Weg. Hier muss man vor Beginn des Studiums eine Eignungsprüfung bestehen und sich in Auswahlgesprächen präsentieren. Im Zuge der Umwandlung vieler Studiengänge in Bachelorstudiengänge werden oft zeitgleich neue Auswahlmethoden an den Universitäten eingeführt.

 **Studitipp:** Wer erst mal seinen Studienplatz hat, dem kann der NC nichts mehr anhaben. Bei der Einschreibung oder im weiteren Verlauf des Studiums ist der NC dann bedeutungslos. Bewirbt man sich für ein höheres Semester, so sollte man sich beim Prüfungsamt über den NC informieren: Die Fächer, die für Erstsemester mit einem lokalen NC belegt waren, können ab dem zweiten Semester frei zugänglich sein – müssen sie aber nicht. An manchen

Universitäten ist der Zugang bis zum letzten Semester beschränkt. Wer dennoch in die Uni-Stadt seiner Träume will, kann versuchen, seinen Studienplatz mit jemandem in dem Ort zu tauschen. Näheres erfährt man in der allgemeinen Studienberatung der jeweiligen Hochschule.

5 Vor Studienbeginn

Wenn das Abitur geschafft ist, liegt ein komplett neuer Lebensabschnitt vor jedem Studienanfänger. Aber bei all der Freude über das Ende der Schulzeit und der Spannung auf das Neue darf nicht vergessen werden, dass bis zum Semesteranfang noch das eine oder andere organisiert werden muss. Angefangen bei der Immatrikulation über – wenn man nicht im Elternhaus wohnen bleibt – die Suche nach einer Unterkunft, Versicherungen und nicht zuletzt muss die Finanzierung des Studiums sichergestellt werden. Aber keine Sorge: Geschafft hat das bis jetzt noch jeder Studierende. Und mit den folgenden Tipps sollte das Ganze einfacher zu bewerkstelligen sein. Aber wie immer: alles der Reihe nach.

5.1 Die Immatrikulation

Auch bei Studiengängen ohne Zulassungsbeschränkung kann man nicht einfach am ersten Tag in der Uni auftauchen und sagen: „Hallo, hier bin ich." Vorher muss man sich immatrikulieren, das heißt sich an der Uni offiziell einschreiben.

Die Termine zum Einschreiben teilen die Universitäten rechtzeitig mit. Für zulassungsbeschränkte Studiengänge sind meist der 15. Januar für das Sommersemester und der 15. Juli für das Wintersemester die Stichtage. Bei den nicht zulassungsbeschränkten Studiengängen wie den Sprachwissenschaften variiert der Termin. Um die Einschreibung – an großen Universitäten tummeln sich mehrere tausend Einschreibwillige – besser zu organisieren, sind die Termine meist über mehrere Tage verteilt. Manche Universitäten bestellen die Studierenden, aufgeteilt nach ihren Nachnamen, zu verschiedenen Terminen, andere unterteilen nach Studienfächern. Es empfiehlt sich daher, sich vorher genau zu informieren, sonst steht man im schlimmsten Fall stundenlang an, nur um dann im Studentensekretariat zu hören, man sei am falschen Tag erschienen. In der Regel muss man zur Immatrikulation unbedingt persönlich erscheinen. Nur in Sonderfällen ist es möglich, sich von einer bevollmächtigten Person vertreten zu lassen. Unter welchen Umständen das möglich ist, sollte auf jeden Fall vorher im Studentensekretariat abgeklärt werden. Oft genügt hier ein Anruf.

Welche Unterlagen mitzubringen sind, ist entweder den Informationsschriften der Hochschulen, die im Studiensekretariat der jeweiligen Hochschule ausliegen, oder dem Zulassungsbescheid (den natürlich nur die bekommen können, die sich um einen zulassungsbeschränkten Studiengang beworben haben) zu entnehmen. Alle Hochschulen verlangen das Abiturzeugnis – oder eine beglaubigte Kopie – und wollen den Personalausweis sehen. Meist müssen auch eine Bescheinigung der Krankenversicherung, ein Nachweis über bezahlte Studentenwerksbeiträge, Passbilder oder Bescheinigungen über Wehr- oder Zivildienst vorgelegt werden. Wer bereits ein Studium abgebrochen (oder gar abgeschlossen) hat, muss auch seinen Exmatrikulationsnachweis und das alte Studienbuch mitbringen.

Bei der ersten Immatrikulation erhält man ein Studienbuch und den Studentenausweis. Das Studienbuch dient als Nachweis für ein ordnungsgemäß durchgeführtes Studium. Hier werden alle Vorkommnisse der Studienzeit festgehalten: belegte Lehrveranstaltungen, Fach- und Hochschulortswechsel, Prüfungen und Urlaubssemester. Es sollte sorgfältig aufbewahrt und geführt werden! Auch wenn sich an manchen Hochschulen semesterlang niemand groß für das Studienbuch interessiert, so muss man es doch spätestens zur Anmeldung für die Abschlussprüfung vorzeigen. Wer es in den Semestern davor versäumt hat, alle belegten Veranstaltungen einzutragen, hat viel Arbeit, das im Nachhinein zu tun.

Jeder Studierende muss bei der Einschreibung vorweisen, den Studentenwerksbeitrag gezahlt zu haben (an manchen Hochschulen heißt diese Zahlung auch Einschreibegebühr). Dieser Beitrag für die Arbeit des Studentenwerks und für die Studierendenvertretung (AStA oder Studierendenparlament) ist vor jedem Semester zu zahlen. In der Regel betragen die Kosten zwischen 30 und 50 Euro pro Semester. An vielen Universitäten kommt noch ein Beitrag für das so genannte Semesterticket dazu. Die Studierenden können dann mit ihrem Studentenausweis alle öffentlichen Verkehrsmittel der Region nutzen. Für die meisten Studierenden ein guter Deal: Ein Semesterticket kostet – je nach Größe der Stadt – etwa 100 Euro und gilt auch in der vorlesungsfreien Zeit. Monatskarten sind in den meisten Verkehrsverbünden um ein Vielfaches teurer. Allerdings können sich die Studierenden nicht aussuchen, ob sie die Fahrkarte haben wollen oder nicht. Hat die Universität einen Vertrag mit dem jeweiligen Verkehrsverbund geschlossen, muss jeder Studierende, der sich einschreibt, das Ticket auch abnehmen. Ausnahmen gibt es nur in Härtefällen, wenn Studierende nur wenige Meter von der Universität entfernt wohnen.

Der Studentenausweis ist neben dem Studienbuch das wichtigste Dokument für die Studierenden. Mit ihm können verbilligte Angebote wie etwa des öffentlichen Nahverkehrs (wenn es kein Semesterticket gibt), von Schwimmbädern, Kinos, Konzerten, Theaterveranstaltungen und Ähnlichem in Anspruch genommen werden. Auch in der Hochschule ist er eine Art Ausweis, der zum Ausleihen von Büchern aus der Bibliothek, bei der Anmeldung zu Lehrveranstaltungen und Prüfungen und vielem mehr gebraucht wird.

Vielerorts werden bzw. wurden Studentenausweise von Papier auf Chipkarten umgestellt. Diese „Multifunktionskarten" sind dann Studentenausweis und Zahlungsmittel auf einmal. Auf dem Mikrochip werden alle studienbezogenen Daten gespeichert. Dadurch wird er – wenn aufgeladen – zum Zahlungsmittel in der Mensa oder beim Kopieren, zur Bibliothekskarte, (in Städten, in denen es ein Semesterticket gibt) zur Bus- und Bahnfahrkarte und vielem mehr.

✔ Checkliste: Unterlagen für die Immatrikulation

- Im Falle einer Zulassungsbeschränkung: Zulassungsbescheid der Universität (für Sprachwissenschaftler aber in der Regel nicht nötig).
- Original (und/oder beglaubigte Kopie) des Abiturzeugnisses
- Personalausweis
- Bescheinigung der Krankenversicherung
- Ausgefüllter Personalbogen der Hochschule (manchmal mit Lebenslauf)
- Drei bis vier Passbilder
- Beleg über bezahlten Studentenwerksbeitrag/Sozialgebühren
- In manchen Bundesländern zusätzlich „Einschreibe-" bzw. Studiengebühren

5.2 Versicherungen

Seit 1975 besteht eine gesetzliche Regelung, nach der sich Studierende krankenversichern müssen. Diese Pflicht erlischt mit Vollendung des 30. Lebensjahrs oder des 14. Fachsemesters. Dass aber ein Versicherungsschutz dennoch wichtig ist, sollte jedem klar sein. Für Absolventen des zweiten Bildungswegs, bei höherem Alter von Studienanfängern und bei sozialen Härten, die zu einer Studienzeitüberschreitung geführt haben, existieren Ausnahmeregelungen, die eine Fortsetzung der Versicherungspflicht ermöglichen. Um sich zu versichern, stehen Studierenden drei Möglichkeiten offen.

- Die kostenlose Mitversicherung in der Krankenversicherung der Eltern (oder des Ehegatten, wenn vorhanden). Diese Möglichkeit der Familienversicherung besteht aber nur bis zum 25. Lebensjahr. Wehr- oder Zivildienst werden berücksichtigt, hier verlängert sich die Zeit also in der Regel um etwa ein Jahr. Dafür aber muss mindestens ein Elternteil Mitglied in einer gesetzlichen Krankenkasse sein.
- Eine eigene studentische Krankenversicherung bei einer gesetzlichen Krankenkasse. Die Kosten betragen pro Monat etwa 50 Euro inklusive Pflegeversicherung.
- Eine eigene studentische Versicherung bei einem privaten Versicherungsunternehmen. Die Kosten hierfür variieren von Versicherer zu Versicherer und liegen zwischen 80 und 100 Euro im Monat. Dazu kommen dann noch die bundeseinheitlichen Beiträge zur Pflegeversicherung.

Studierende müssen sich in den ersten drei Monaten nach der Immatrikulation entscheiden, ob sie sich für die Dauer des Studiums gesetzlich oder privat versichern wollen. Die frühere Wahlmöglichkeit zu Beginn jedes neuen Semesters gilt seit 1994 nicht mehr. In der Regel sind die Beiträge der gesetzlichen Krankenversicherungen weitaus niedriger als die der privaten Versicherer. Zudem kann die Entscheidung über die Wahl der studentischen Krankenversicherung schon zu einer „Entscheidung fürs Leben" werden; mit möglicherweise erheblichen finanziellen Konsequenzen. Wer sich für eine private Krankenversicherung entscheidet und sich nach dem Studium selbstständig macht, kommt in aller Regel nicht mehr in eine gesetzliche Krankenkasse, denn die ist nur für Arbeitnehmer offen. Wer dagegen als Student in einer gesetzlichen Krankenkasse ist, kann sich später entscheiden, ob er in einer gesetzlichen Krankenkasse bleiben oder privat versichert sein will.

Die gesetzlichen Krankenkassen erheben einen Beitrag in Relation zum Verdienst oder Einkommen und eine ganze Familie mit mehreren Kindern kann beitragsfrei mitversichert sein (Solidaritätsprinzip). Die Privaten berechnen dagegen für jeden Versicherten einen Beitrag, also auch für jedes Familienmitglied. So sind dort die Beiträge beispielsweise für junge Selbstständige „verlockend" niedrig, für Familien mit Kindern aber sind sie hoch. Hat man sich einmal für die private Variante entschieden, gibt es kein Zurück in die Solidarität der gesetzlichen Krankenkasse, es sei denn, es entsteht eine neue Versicherungspflicht durch eine Anstellung als Arbeitnehmer.

Studierende, die während der Vorlesungszeit mehr als 20 Stunden in der Woche neben dem Studium in einer unbefristeten Anstellung arbeiten, können studentische Tarife nicht in Anspruch nehmen und müssen dann Arbeitnehmerbeiträge zahlen. Denn wer mehr als 20 Stunden arbeitet, gilt nicht mehr als Student! Ist die

Tätigkeit befristet, gilt der Studententarif immer dann, wenn die Beschäftigung während der Vorlesungszeit auf nicht mehr als zwei Monate (50 Arbeitstage) oder auf die vorlesungsfreie Zeit beschränkt ist. In dieser Zeit können Studierende so viel arbeiten, wie sie möchten.

Für alle Studierenden besteht an der Universität eine Unfallversicherung. Vom Zeitpunkt der Immatrikulation an sind alle Unfälle versichert: Der Weg von der eigenen Haustür zur Universität und der Aufenthalt innerhalb sowie der durch den Lehrplan veranlasste Aufenthalt außerhalb der Universität sind dabei mit eingeschlossen. Übernommen werden alle Kosten für entstandene Körperschäden. Nicht versichert sind mögliche Sachschäden und Schäden anderer Unfallbeteiligter. Unfallmeldungen sollten unverzüglich im Studentensekretariat gemacht werden.

Empfehlenswert ist eine Privathaftpflichtversicherung. Solange man nicht verheiratet ist und die (erste) Berufsausbildung noch nicht abgeschlossen hat, ist man bei der Haftpflichtversicherung der Eltern allerdings beitragsfrei mitversichert.

Alle anderen Versicherungen wie Lebensversicherungen, private Unfallversicherungen oder Hausratsversicherungen sollten kritisch geprüft werden und sind in der Regel nicht unbedingt nötig. Die Verbraucherberatungen informieren und helfen bei Fragen des Versicherungsschutzes.

5.3 Erst mal in den Urlaub – oder ist noch was zu tun?

Die Einschreibung findet meist ein bis zwei Monate vor Semesterbeginn statt. Danach heißt es aber leider nicht: Endlich noch mal Urlaub machen. Wer erfolgreich in das erste Semester starten will, hat noch eine ganze Menge Dinge zu erledigen.

In der Schule war alles so einfach. Am ersten Schultag verteilte die Lehrerin oder der Lehrer den Stundenplan und man wusste das ganze Jahr, wann man wo zu sein hatte. Von Studierenden wird hingegen ein hohes Maß an Selbstständigkeit erwartet. An der Fachhochschule und in manchen Diplom- und Bachelorstudiengängen wird den Studierenden ein relativ festgelegter Stundenplan vorgelegt. Welche Vorlesungen und Seminare zu besuchen sind, wird hier meist in der Einführungsveranstaltung bekannt gegeben. Abweichungen von diesem Stundenplan gibt es selten, weil fast alle Veranstaltungen aufeinander aufbauen.

Anders ist das bei den geisteswissenschaftlichen Magisterstudiengängen, wie sie für Sprachwissenschaftler entscheidend sind. Sie können ihren Stundenplan recht frei bestimmen. Allerdings: Diese Freiheit bedeutet auch eine gewisse Unübersichtlichkeit. Denn welche der zahlreichen Vorlesungen und Seminare zu den Pflichtveranstaltungen gehören, muss man auch erst mal selbst herausfinden. Und wo die Hörsäle und Seminarräume liegen, in denen die Veranstaltungen stattfinden, muss auch noch geklärt werden.

5.4 Prüfungs- und Studienordnung

Wenn man (etwa bei der Immatrikulation) schon an der Universität ist, sollte man sich auf jeden Fall die Studien- und die Prüfungsordnung besorgen. Diese liegen in den Sekretariaten des jeweiligen Fachbereichs aus. Dort steht alles drin, was an der Universität für den Studiengang verbindlich geregelt ist:

- Ziel des Studiengangs
- Bezeichnung des Abschlusses
- Mindest-, Regel- und Höchststudiendauer
- Zulassungsvoraussetzungen zu den Prüfungen
- Art, Umfang und Dauer der Prüfungen
- Inhaltliche Prüfungsgebiete
- Bewertung der Prüfungsleistungen
- Wiederholungsmöglichkeiten
- Diplom-/Magisterarbeit

Die Prüfungsordnung

Die Prüfungsordnung ist ein offizielles und bürokratisches Dokument, das sich leider auch so liest und dessen Inhalt eventuell erst mal nicht so leicht zu verstehen ist. Hier ein Ausschnitt der Prüfungsordnung des romanistischen Instituts der Berliner Humboldt-Universität:

 Beispiel

FACHSPEZIFISCHE PRÜFUNGSBESTIMMUNGEN FÜR DIE MAGISTERTEIL-STUDIENGÄNGE (MTSG) *FRANZÖSISCH, SPANISCH* UND *ITALIENISCH* ALS HAUPT- UND NEBENFACH UND *PORTUGIESISCH* UND *RUMÄNISCH* ALS NEBENFACH

Der Fakultätsrat der Philosophischen Fakultät II der Humboldt-Universität zu Berlin hat auf der Grundlage der §§ 31 und 71 des Berliner Hochschulgesetzes (BerlHG) in der Fassung vom 05. Oktober 1995 (GVBl. S. 727), zuletzt geändert durch

Artikel XI des Haushaltsstrukturgesetzes vom 19. Dezember 1997 (GVBl. 686), am 22. April 1998 nachfolgende fachspezifische Prüfungsbestimmungen für die Magisterteilstudiengänge Französisch, Spanisch und Italienisch als Haupt- und Nebenfach und Portugiesisch und Rumänisch als Nebenfach erlassen. Die fachübergreifenden Prüfungsbestimmungen (Teil I der MAPO HUB) in der jeweils gültigen Fassung gehen den fachspezifischen Prüfungsbestimmungen vor.

§ 1 Besondere Studienanforderungen

(1) Bei Beginn des Studiums wird von Vorkenntnissen in der jeweils gewählten Sprache ausgegangen, die durch das Abitur beziehungsweise durch vergleichbare Abschlüsse nachgewiesen werden. Sind diese Vorkenntnisse in der gewählten Sprache nicht vorhanden, kann nach den Möglichkeiten der Universität dem Grundstudium ein Propädeutikum zum Spracherwerb vorangestellt werden. Die Dauer des Propädeutikums beträgt ein bis zwei Semester, die auf die Regelstudienzeit nicht angerechnet werden.

(2) Für die Fächer *Französisch, Spanisch* und *Italienisch* als Hauptfach wird jeweils der Nachweis von Kenntnissen in Latein oder einer weiteren romanischen Sprache gefordert.

(3) Der Nachweis wird – spätestens bis zur Zwischenprüfung – erbracht durch das Abitur- oder ein äquivalentes Zeugnis oder durch eine Bescheinigung über die erfolgreiche Teilnahme an entsprechenden Sprachkursen der Universität oder an Sprachinstituten. In Zweifelsfällen entscheidet der Prüfungsausschuss Fremdsprachliche Philologien über die Anerkennung.

§ 2 Regelstudienzeit, Gliederung des Studiums, Studienumfang und Ausschluss von Fächerkombinationen

(1) Die Regelstudienzeit beträgt für alle Magisterteilstudiengänge neun Semester. Das Studium unterteilt sich in das Grundstudium (vier Semester), das mit der Zwischenprüfung abgeschlossen wird, und in das Hauptstudium (fünf Semester). Das letzte Semester des Hauptstudiums dient der Anfertigung der Magisterarbeit und der Ablegung der Fachprüfungen.

(2) Die Hauptfächer (HF) haben einen Umfang von 80 Semesterwochenstunden (SWS). Davon entfallen 40 SWS auf das Grundstudium und 40 SWS auf das Hauptstudium.
Die Lehrveranstaltungen betragen
- 48 SWS (28 SWS im Grund- und 20 SWS im Hauptstudium) im Pflicht- und Wahlpflichtbereich;
- 12 SWS (4 SWS im Grund- und 8 SWS im Hauptstudium) im vertiefenden Bereich der Literatur-und Sprachwissenschaft;

- 10 SWS (4 SWS im Grund- und 6 SWS im Hauptstudium) nach freier Wahl im Fach;
- 10 SWS (4 SWS im Grund- und 6 SWS im Hauptstudium) nach freier Wahl überfachlich.

(3) Die Nebenfächer (NF) haben einen Umfang von 40 Semesterwochenstunden (SWS). Davon entfallen 20 SWS auf das Grundstudium und 20 SWS auf das Hauptstudium.

Die Lehrveranstaltungen betragen

- 22 SWS (14 SWS im Grund- und 8 SWS im Hauptstudium) im Pflicht- und Wahlpflichtbereich;
- 12 SWS (4 SWS im Grund- und 8 SWS im Hauptstudium) im vertiefenden Bereich der Literatur- und Sprachwissenschaft;
- 2 SWS im Grundstudium nach freier Wahl im Fach;
- 4 SWS im Hauptstudium nach freier Wahl überfachlich.

Zugegeben, so eine Prüfungsordnung mag am Anfang vielleicht mehr zur Verwirrung als zur Klärung aller Fragen beitragen. Dennoch finden sich hier wichtige Hinweise für den Aufbau des Studiums. An der Universität gibt es nun mal niemanden mehr, der einem zum Semesteranfang einen fertigen Stundenplan auf den Tisch legt, dem man nur noch brav zu folgen hat. Selbstständigkeit ist gefragt und wird zum Teil des Studiums!

In der Prüfungsordnung findet man aber die entscheidenden Hinweise, welche Scheine bis zum Ende des Grund- bzw. Hauptstudiums zu erwerben sind, um bei den jeweiligen Prüfungen antreten zu können, aus welchen Teilen die Prüfungen bestehen, wie Leistungen bewertet werden und noch vieles mehr. Um schon mal zu wissen, was in den nächsten Jahren auf einen zukommt, lohnt ein Blick in das Dokument auf jeden Fall. Welche Kurse, Seminare und Vorlesungen nun aber im ersten Semester zu besuchen sind, sagt die Prüfungsordnung nicht.

Die Studienordnung

Etwas konkreter werden die so genannten Studienordnungen oder Gestaltungsempfehlungen. Dort ist aufgelistet, welche Veranstaltungen in den beiden Studienabschnitten Grund- und Hauptstudium besucht werden. Wann man in diesen (in der Regel) vier Semestern bis zur Zwischenprüfung welche Veranstaltung besucht, bleibt den Studierenden meist selbst überlassen. Da das Studium an jeder Hochschule etwas anders aufgebaut ist, ist die folgende Studienordnung lediglich zur Orientierung gedacht. Hier ein Beispiel für eine Studienordnung für das Grundstudium der Anglistik.

X Beispiel

(2) Studenten im Hauptfach müssen in Grundstudium folgende Leistungsnachweise erwerben:

1. Nachweis der Teilnahme an folgenden fachwissenschaftlichen Veranstaltungen:
a) Einführung in die Literaturwissenschaft (2 SWS)
b) Einführung in die Sprachwissenschaft (2 SWS)
c) Einführung in die Phonetik (Theorie) (2 SWS)
d) Einführung in die historische Sprachwissenschaft (2 SWS)

2. Nachweis der erfolgreichen Teilnahme an folgenden fachwissenschaftlichen Veranstaltungen:
a) Übung Survey of English/American Literature (kann durch den Besuch einer Vorlesung mit Überblickscharakter und anschließender Klausur abgegolten werden) (2 SWS)
b) literaturwissenschaftliches Proseminar (2 SWS)
c) sprachwissenschaftliches Proseminar (2 SWS)

3. Nachweis der erfolgreichen Teilnahme an vier sprachpraktischen Übungen zum Erwerb von Fertigkeiten in den folgenden Bereichen:
a) Conversation, Pronunciation (2 SWS)
b) Grammar (2 SWS)
c) Translation, Vocabulary (2 SWS)
d) Essay Writing (2 SWS)

Die Übungen a) und b) sollten möglichst vor den Übungen c) und d) absolviert werden. Weitere Veranstaltungen (Übungen, Vorlesungen usw.) bis zum vorgesehenen Umfang des Grundstudiums von 36 Semesterwochenstunden können nach Interessen und Neigungen ausgesucht werden.

5.5 Das Vorlesungsverzeichnis

Studien- und Prüfungsordnung sagen aber noch nicht, welche konkreten Lehrveranstaltungen im nächsten Semester auch tatsächlich stattfinden und besucht werden können. Diese Informationen finden sich im Vorlesungsverzeichnis. Das

Gesamtvorlesungsverzeichnis (je nach Größe der Universität oft ein ziemlich dickes Buch) gibt es in vielen Buchhandlungen – auf jeden Fall in denen in Uni-Nähe – und es kann über das Internet abgerufen werden. Das Vorlesungsverzeichnis enthält eine Fülle an Informationen, die Studienanfänger oft zunächst irritieren können. Hat man sich aber erst einmal eingelesen und das eigene Studienfach gefunden, findet man dort, welche Lehrveranstaltungen wann und wo (Hörsaal oder Arbeitsraum – bei großen Unis natürlich auch, in welchem Gebäude) stattfinden und wie die Dozenten heißen. Aber viel schlauer ist man damit auch noch nicht. Wer ein Studium der Philologie beginnen möchte, kann sich unter dem Veranstaltungstitel „Übung für Anfänger" oder „Einführung in die historische Sprachwissenschaft" vielleicht noch nichts Konkretes vorstellen. Es bleiben Fragen wie: Was verbirgt sich hinter den Begriffen? Worum geht es eigentlich? Welche Vorkenntnisse werden verlangt? Wie kann man sich vorbereiten?

Diese und weitere Fragen müssen nicht bis zum Beginn des Semesters unbeantwortet bleiben. Um sie zu klären, gibt es ein **kommentiertes Vorlesungsverzeichnis**, das entweder beim Sekretariat des jeweiligen Studienfachs, bei der Fachschaft oder ebenfalls in den Buchhandlungen rund um die Universität zu bekommen ist. Hier finden sich die gesuchten Hinweise, was genau in der Lehrveranstaltung behandelt wird, oft auch, mit welcher Fachliteratur man sich vorbereiten kann, wie und wo die Anmeldung erfolgt und natürlich, an welchem Ort die erste Lehrveranstaltung stattfindet. Im Anhang befindet sich außerdem eine Liste mit allen Lehrenden des Fachbereichs. Dort sind auch ihre Zimmernummern, ihre Sprechstunden, ihre zuständigen Sekretariate und deren Öffnungszeiten vermerkt. Ebenso gibt das kommentierte Vorlesungsverzeichnis Auskunft darüber, in welchen Fächern die Professoren prüfungsberechtigt sind, wie die Fachschaft zu erreichen ist, wann die Bibliothek des Fachbereichs zu erreichen ist, wo sich das Prüfungsamt befindet, in welcher Woche die Einführungsveranstaltungen für die Erstsemester beginnen, wann die Studienfachberater Sprechstunden haben und vieles Nützliches mehr.

✗ Beispiel

In der Studienordnung steht schlicht: „Einführung in die Literaturwissenschaft (2 SWS)", im kommentierten Vorlesungsverzeichnis ist die Veranstaltung detaillierter mit all ihren Themen beschrieben. Zusätzlich findet man, welche Leistungen für den Erwerb eines Scheines zu erbringen sind, und die Infos darüber, wann und wo die Veranstaltung stattfindet und wer sie hält:

07 572 Einführung in die Literaturwissenschaft (Anglistik) I
Die Vorlesung bietet eine theoretische Einführung in das Studium der englischen

Literaturwissenschaft. Behandelt werden u.a. folgende Themen: Sprache und Kommunikation – Grundlagen des Text- und Literaturbegriffs – Literaturtheorien – Epochen der englischen Literatur – Grundbegriffe und Methoden der Textanalyse – Dramen- und Erzähltheorie – Metrik und Stilistik – Rhetorik – Literatur und Medien – Hilfsmittel und Arbeitstechniken der Literaturwissenschaft. Die Vorlesung endet mit einer Abschlussklausur. VL(2) Di 10-12 wöch. UL 6, 3094 Dr. Hans Müller

5.6 Der Stundenplan

Jetzt braucht man eigentlich nur noch ein Blatt Papier und einen Stift und schon kann es losgehen mit dem Erstellen des Stundenplans. Aus der Studienordnung weiß man nun, dass man zum Beispiel im Grundstudium, das in der Regel die ersten vier Semester einschließt, in seinem Hauptfach 36 Semesterwochenstunden (also Stunden pro Woche) belegt haben muss. Dazu kämen wahrscheinlich insgesamt noch einmal so viele Wochenstunden in den beiden Nebenfächern (also in jedem Fach 18 Wochenstunden). Aber konzentrieren wir uns erst einmal auf das Hauptfach. 36 Wochenstunden heißt jetzt nicht, dass man diese in einem Semester belegen soll. Das wäre schlicht unmöglich. Sie beziehen sich auf das gesamte Grundstudium! Dann sind es neun Wochenstunden in jedem Semester. Da die meisten Lehrveranstaltungen zweistündig sind, müssen nun vier bis fünf Veranstaltungen aus dem Vorlesungsverzeichnis herausgesucht werden, die entsprechend den Vorgaben (beispielsweise Einführung in die Literaturwissenschaften, sprachwissenschaftliches Proseminar und so weiter) im nächsten Semester angeboten werden.

Eine Unterrichtsstunde an der Universität dauert 45 Minuten; sie beginnt in der Regel „cum tempore" (c.t.), also mit einer Zeitverschiebung von 15 Minuten (dem so genannten akademischen Viertel), falls es nicht ausdrücklich anders angegeben ist. Dann steht hinter der Uhrzeit s.t. für „sine tempore", also ohne Zeitverschiebung.

Doch nun kommt meist die erste unangenehme Überraschung: Häufig überschneiden sich die Lehrveranstaltungen, die man besuchen möchte. Oft kann man sich in diesem Fall mit Veranstaltungen, die das gleiche Thema abdecken, behelfen. Wenn es dann immer noch Überschneidungen gibt, gilt es, Prioritäten zu setzen. Die fraglichen Scheine können möglicherweise auf ein späteres Semester verschoben und zeitlich passende Lehrveranstaltungen dafür vorgezogen werden. Um sich hier richtig zu entscheiden, hilft es oft, mit den älteren Studierenden oder dem Studienfachberater zu sprechen, ob bestimmte Veranstaltungen im nächsten oder übernächsten Semester wieder – und das ist meist der Fall – angeboten werden. Oft reicht hierfür auch ein Blick in ein älteres Vorlesungsverzeichnis.

 **Studitipp:** Nicht zu viel vornehmen! Auch wenn man in der Schule locker mal 30 Stunden in der Woche die Bank gedrückt hat, sieht das an der Uni ganz anders aus. Zu den eigentlichen Stunden kommt auch immer eine Vor- und Nachbereitungszeit, die mindestens so lange ist, wie die verbrachte Zeit an der Uni. Dazu kommt, dass man am Ende des Semesters in vielen Veranstaltungen Leistungsnachweise erbringen muss. Wer dann auf einen Schlag drei Hausarbeiten und vier Klausuren schreiben muss, fühlt sich vielleicht überfordert und besteht alle nur mehr schlecht als recht, als wenige gut. Außerdem muss man sich im ersten Semester erst einleben und orientieren, sodass man nicht alle Zeit hinter den Büchern verbringen will. Für ein wenig Relaxen in der Cafeteria und ein Schwätzchen mit den Kommilitonen sollte man genug Zeit einplanen. **Also: 20 Stunden pro Woche sind wirklich genug!** Wer das nicht glauben mag oder sich nicht entscheiden kann, der kann am Anfang des Semesters auch ein paar Kurse, Vorlesungen oder Seminare mehr belegen, sollte sich dann aber nicht scheuen, sich einzugestehen, dass es vielleicht zu viel war.

Ein weiteres Problem ist der oft zerrissene Stundenplan. Wenn man sich nach vielem Hin und Her für bestimmte Kurse entschieden hat, stellt man vielleicht fest, dass der erste Kurs montags von 9 Uhr (c.t.) bis 11 Uhr stattfindet und der nächste erst um 16 Uhr (c.t.). Oder dass man ausgerechnet am Freitag bis in den Abend Vorlesungen hat, wo man doch am Freitag vielleicht nach Hause zu den Eltern fahren will. Dann holt man erneut das Vorlesungsverzeichnis hervor und versucht, Lehrveranstaltungen zu finden, die besser in den Zeitplan passen. Wenn es sich gar nicht anders einrichten lässt, lassen sich die „Freistunden" mit Lesestunden in der Bibliothek oder zu Hause verbringen.

Nachdem der Stundenplan endlich erstellt ist, geht es an die Anmeldung zu den Veranstaltungen. Die Anmeldungsmodi unterscheiden sich von Hochschule zu Hochschule, von Fach zu Fach und sogar von Dozent zu Dozent. Für Vorlesungen muss man sich in der Regel nicht anmelden. Hier reicht es aus, wenn man am angegebenen Ort zur angegebenen Zeit in der ersten Semesterwoche erscheint. Bei Übungen, (Pro-)Seminaren und fachpraktischen Lehrveranstaltungen wird es oft schon komplizierter. Häufig muss man sich direkt beim Hochschullehrer anmelden. Das läuft entweder über ein persönliches Erscheinen in der Sprechstunde, über ein Telefonat oder (immer häufiger) auch per E-Mail. Oft muss man sich zu bestimmten Terminen in Listen eintragen oder muss zu einer Vorbereitungsveranstaltung kommen. Bei manchen Dozenten reicht aber auch das Erscheinen zur ersten Veranstaltung. An machen Hochschulen gibt es seit kurzem die Möglichkeit, sich über das Internet zentral für viele Veranstaltungen anzumelden. Wie man sich jeweils einschreiben muss, erfährt man aus dem kommentierten Vorlesungsverzeichnis, in einer Einführungsveranstaltung oder auch im Studienfachsekretariat.

5.7 Einführungs- und Orientierungsveranstaltungen

Es gibt eine Alternative zur mühsamen Suche nach Infos rund ums Studium: die Einführungs- und Orientierungsveranstaltungen für Erstsemestler. Die gibt es in fast jedem Fachbereich. Neben einem Überblick über den Studienaufbau und die einzelnen Lehrveranstaltungen erfährt der Studienbeginner alles, was für den Uni-Alltag von Bedeutung ist. Zu Beginn der Orientierungseinheit, wie diese Veranstaltungen auch oft genannt werden, begrüßt der Dekan des jeweiligen Fachbereichs die neuen Studierenden. Anschließend halten meist Vertreter der Fachschaft und des Allgemeinen Studentenausschusses noch einige Reden, dann werden die Erstsemestler in Gruppen aufgeteilt und ziehen in kleinere Räume um. Zum Standardprogramm einer Einführungsveranstaltung gehört ein Spaziergang durch die Universität. Die älteren Kommilitonen zeigen den Neulingen dabei die einzelnen Räume, führen sie in die Mensa, zur Bibliothek und zu den Sekretariaten. Außerdem beantworten sie Fragen, die nach der Lektüre der Studienordnung noch offen sind.

Diese Einführungsveranstaltung sollte man auf keinen Fall verpassen! Hier wird viel erklärt, was man sich sonst mühevoll zusammensuchen muss. Zudem kann man in der meist lockeren Atmosphäre leicht erste Kontakte zu den neuen Kommilitonen knüpfen. Wer diese Gelegenheit nicht verpassen will, muss allerdings rechtzeitig auf dem Campus auftauchen. Die Einführungsveranstaltungen finden teilweise schon vor Beginn des Semesters oder spätestens in der ersten Semesterwoche statt. Die Termine sind im Studiensekretariat zu erfragen.

6 Finanzierung

Noch ist es in Deutschland so, dass die Bildung vom Staat finanziert wird. Zwar wird überall diskutiert, wie nötig es sei, Studiengebühren einzuführen, doch bis jetzt ist zumindest das Erststudium in den meisten Bundesländern gebührenfrei.

Aber auch und vor allem das (Studenten-)Leben kostet Geld. Aber wie viel ist es, wo geht es hin und wo kommt es her?

6.1 Wie teuer ist ein Studium?

Wie viel ein Studium kosten könnte, hat die 16. Sozialerhebung des Deutschen Studentenwerks (DSW) aufgeschlüsselt. Die Sozialerhebung wird im Auftrag des DSW alle drei Jahre von der Hochschul-Informations-System-GmbH (HIS) durchgeführt. Die Angaben beziehen sich stets auf den so genannten „Normalstudierenden". Der lebt nicht mehr im Elternhaus und absolviert sein Erststudium. Dieser Studententyp wird allen versorgungs- und förderungspolitischen Überlegungen als „Regelfall" zugrunde gelegt. Laut DSW/HIS zählen 62 Prozent der Studierenden zu dieser Kategorie. Was sagt uns nun diese Studie über die finanzielle Situation eines Normalstudierenden?

Was kostet ein Studium im Monat?

Eine Frage, die angehende Studierende ebenso interessiert wie Eltern, die wissen wollen, welche finanzielle Belastung in den nächsten Jahren auf sie zukommen kann. Nach der oben erwähnten Studie geben Studierende ihr Geld folgendermaßen aus:

Durchschnittliche monatliche Ausgaben eines Normalstudenten in Euro (gerundet)		
Ausgabezweck	alte Länder	neue Länder
Miete	238	184
Ernährung	134	108
Kleidung/Wäsche/Körperpflege	62	51
Fahrtkosten	60	68
Lernmittel	33	28
Sonstiges*	137	103
Summe	**664**	**542**

* Sonstiges: beispielsweise Krankenversicherung, Telefon, Porto, Hobby und Genussmittel wie Tabak oder Alkohol
(Tabelle nach Zahlen aus: DSW/HIS 2001)

Hierbei handelt es sich aber – wie es bei Statistiken nun mal ist – um Durchschnittswerte. So gibt es natürlich Studierende, denen weit mehr Geld zur Verfügung steht, und solche, die mit weit weniger auskommen müssen.

Und wie sieht es für jene Studierenden aus, die zu Hause bei den Eltern wohnen können? Die ausgewiesene Miete würde entfallen, auch die Ausgaben für die Ernährung wären unter Einbeziehung des elterlichen Kühlschranks geringer, einzig die Fahrtkosten könnten gegebenenfalls etwas höher ausfallen. Unter dem Strich ergeben sich aber im Vergleich zu einem Oberschüler kaum Mehrausgaben für einen studentischen „Heimschläfer".

Wie, wo und für wie viel Geld wohnen Studierende?

Die Lage auf dem Wohnungsmarkt – vor allem in den alten Bundesländern – hat sich auch für Studierende seit Jahren nicht verbessert. Es fehlt an preiswertem Wohnraum und an ausreichend Wohnheimplätzen. Im Osten Deutschlands sieht es günstiger aus, zumindest in Sachen Unterkunftsmöglichkeiten in Wohnheimen. Aber auch hier ist die Situation auf dem privaten Wohnungsmarkt für Hochschüler alles andere als einfach. Der Zeitpunkt der Wohnungssuche kann daher kaum früh genug sein. Wer sich nicht rechtzeitig um eine Unterkunft kümmert, muss vielleicht die ersten Tage oder Wochen in einer Jugendherberge oder in Notunterkünften des Studentenwerks unterkommen – und das ist sicherlich nicht die beste Basis für einen erfolgreichen Start ins Studium. Grundsätzlich gibt es vier Möglichkeiten, während des Studiums zu wohnen:

Bei den Eltern: Weiterhin das „Kinderzimmer" bewohnen 20 Prozent der Studierenden. Diese Möglichkeit bietet sich für jene Studierenden an, die in der Nähe der Universität wohnen. Für sie ist es oft die preiswerteste und praktischste Alternative (wenn auch manchmal unter gewissen Einschränkungen des studentischen Lebens). Für Studierende, die nicht in der Nähe des Heimatorts studieren, kommt das Wohnen bei den Eltern jedoch nicht infrage.

Im Studentenwohnheim: In Deutschland gibt es 61 Studentenwerke, die insgesamt etwa 180.000 Wohnplätze zur Verfügung stellen. Daneben gibt es Wohnheime, die von Kirchen, Stiftungen oder studentischen Verbindungen betrieben werden. Für Studierende ist ein Platz im Wohnheim noch immer eine günstige und beliebte Wohnmöglichkeit, daher ist die Nachfrage unverändert groß. Obwohl das Angebot an Plätzen ständig erweitert wird, bleibt die Situation an vielen Orten schwierig. Es gibt jedoch auch Hochschulorte, an denen man schnell und problemlos ein Wohnheimzimmer bekommt. Der große Pluspunkt dieser „Wohnart" ist der Preis. In vielen Städten kann man schon für etwa 150 Euro in eine solche Unterkunft einziehen. Ein Luxusapartment gibt es dafür aber nicht. Meist sind die Zimmer spartanisch eingerichtet. Ein Tisch, ein Stuhl, ein Schrank und ein Bett – mehr gibt es hier oft nicht. In manchen Studentenwohnheimen gibt es Duschen und Toiletten nur auf dem Gang, in anderen hat jedes Zimmer ein eigenes kleines Bad. Apartments für Studierende mit Kind sind etwas größer. Meist teilen sich die Bewohner einer Etage eine Küche und einen Kühlschrank. In vielen Zimmern gibt es einen Telefon- und Internetanschluss – wenn nicht, gibt es zumindest ein Telefon auf dem Gang. Ein Vorteil ist, dass der Weg zum Hörsaal zu Fuß oder mit dem Fahrrad in der Regel problemlos möglich ist. Auf der anderen Seite ist das Wohnen Zimmer an Zimmer mit einigen Dutzend bis zu hunderten Studierenden, wo man außer den Kommilitonen kaum Leute trifft, nicht jedermanns Sache. So ist für manche Studierende das Wohnheim nur eine Notlösung. Sie wohnen in den ersten Wochen oder Monaten dort, bis sie eine andere Bleibe gefunden haben. Doch gerade für diejenigen, die aus einer anderen Stadt kommen und im Hochschulort auf der Suche nach neuen Freunden sind, ist das Studentenwohnheim der ideale Ort. In den Gemeinschaftsräumen lernt man die Kommilitonen kennen, mit denen man sich über Freud und Leid des Erstsemesterdaseins austauschen kann. Informationen über Studentenwohnheime gibt es beim jeweiligen Studentenwerk vor Ort oder im Internet.

In der Wohngemeinschaft: Wer es mag, mit den verschiedensten Menschen unter einem Dach zu wohnen, für den ist sicher die Wohngemeinschaft eine gute Alternative. Doch WG ist nicht gleich WG. Die alternative Kommune mit mehr als fünf Mitbewohnern, bei denen ständig Teeparty ist und die alles teilen, ist wohl eher die Ausnahme als die Regel. Wichtig ist immer, sich klar zu machen, ob man eine Zweckgemeinschaft oder ein „familiäres" Zusammenleben sucht, und sich die neuen Mitbewohner genau anzuschauen. Mitbewohner werden entweder an den schwarzen Brettern in der Universität, in örtlichen Stadtmagazinen oder im Internet gesucht.

Die eigene Wohnung: Am leichtesten lässt sich die neue Bleibe bei einem privaten Vermieter am Ende eines jeden Semesters finden (August für das Wintersemester bzw. März für das Sommersemester). Jetzt suchen viele Zimmerbesitzer, die das Studium beendet haben oder in eine andere Stadt ziehen, einen Nachmieter. Dafür lohnt ein Blick auf die verschiedenen schwarzen Bretter an der Universität und in den Wohnungsmarkt der lokalen Zeitungen. Meist erscheint dieser mittwochs und samstags. In den großen Hochschulstädten zählt hier die Schnelligkeit. Manchmal lohnt es sich, die Ausgabe der Zeitung schon am Vorabend (gibt es meist an den Bahnhöfen) zu erwerben und gleich anzurufen. Wichtig bei dieser Form der Wohnungssuche neben gezielt eingesetztem Charme und gelegentlicher Ellenbogenbenutzung sind auch ausreichende Ortskenntnisse. Zu guter Letzt bleibt noch der

Weg zum Makler, der jedoch mit einigen Kosten verbunden ist und schon deshalb nicht allen offen steht. Über mögliche finanzielle Forderungen des Maklerbüros sollte man sich vorher genau informieren.

Die Sozialerhebung hat herausgefunden, welche dieser Wohnformen die Studierenden in Deutschland denn tatsächlich nutzen.

Wie Studenten wohnen (in Prozent)	
Eigene Wohnung	21
Wohnung mit Partner	19
Bei den Eltern	20
Wohngemeinschaft	22
Wohnheim	14
Untermiete	2

Tabelle nach Zahlen aus: DSW/HIS 2001

Bleibt noch die Frage offen, was man denn für die unterschiedlichen Wohnformen in Ost und West bezahlen muss. Auch das ist in der Sozialerhebung analysiert.

Was Wohnen kostet in Euro (gerundet)		
	alte Bundesländer	neue Bundesländer
Eigene Wohnung	289	250
Wohnung mit Partner	263	221
Wohngemeinschaft	223	178
Wohnheim	165	131
Untermiete	205	160

Tabelle nach Zahlen aus: DSW/HIS 2001

Was ist Wohngeld?

Nach dem Bundessozialhilfegesetz sind Studierende grundsätzlich vom Bezug einer Unterstützung zum Lebensunterhalt ausgeschlossen. Während des Studiums gilt für den Anspruch auf Wohngeld Ähnliches wie für den Anspruch auf Sozialhilfe: Im Prinzip nein – aber es gibt Ausnahmeregelungen. Die erste entscheidende Voraussetzung für einen erfolgreichen Antrag ist der Verlust eines grundsätzlichen

BAföG-Anspruchs. Dies kann beispielsweise bei Überschreiten der Förderungs-höchstdauer, mehrfachem Studienwechsel oder Beginn eines Zweit- bzw. Aufbau-studiums der Fall sein. Studierende, denen wegen eines zu hohen Einkommens der Eltern kein BAföG gewährt wird, haben keine Chance, Wohngeld zu erhalten. Lediglich bei Studierenden mit Kind gibt es hier eine Ausnahme. Die zweite Vor-aussetzung ist mit Überzeugungsarbeit verbunden. Denn selbst wenn man seit Jah-ren nicht mehr bei den Eltern wohnt, wird vom Wohnungsamt davon ausgegan-gen, dass es sich nur um eine „vorübergehende" Trennung vom Elternhaus handelt. Deshalb muss das Amt überzeugt werden, dass man sich endgültig von den Eltern getrennt hat.

Diese Trennung wird unter folgenden Bedingungen akzeptiert:
- In der elterlichen Wohnung ist kein Platz mehr.
- Man ist verlobt oder verheiratet und lebt mit dem Partner zusammen.
- Bereits vor dem Studium – beispielsweise nach einer abgeschlossenen Berufs-ausbildung – wurde der Lebensunterhalt selbst bestritten und ein eigener Haus-halt geführt,
- oder – und hier wird es schwierig – man steht wirtschaftlich auf eigenen Beinen.

Die Höhe des Wohngelds ist abhängig von der zu zahlenden Miete, dem Einkom-men und der Zahl der Haushaltsangehörigen. Wer in einer Wohngemeinschaft lebt, muss eine Erklärung vorlegen, dass zwischen den Bewohnern keine „Wirt-schaftsgemeinschaft" besteht. Informationen zum Wohngeld gibt es bei den Woh-nungsämtern und Bürgerberatungsstellen.

Surftipps vom Uni-Nerd : Im Internet gibt es jede Menge Angebote zur Wohnungssuche. Ganz gleich, ob WG oder eigene Wohnung, ein Blick auf diese Seiten lohnt sich.
- http://www.Studenten-WG.de (Wohnungsmarkt für Studierende mit WGs und Wohnungen in deutschen Universitätsstädten, einschließlich Stu-dienplatztauschbörse und „Mitfahrbrett")
- http://www.WgfuerDich.de (Nicht kommerzielles studentisches Projekt zur WG-Zimmer- bzw. Mitbewohnersuche inkl. Möbelbörse. Besonders praktisch: Die Suchenden geben meist ein, was sie studieren und wie Party- und Zusam-menhaltsfaktor in der WG sind. So kann man sich schon im Vorhinein ein gro-bes Bild machen.)
- http://www.wg-gesucht.de (WG- und Wohnungsbörse mit Mustermietverträ-gen und Infos rund ums Wohnungsuchen)

- http://www.wg-welt.de (Schönes Angebot mit vielen Einträgen und vielen Infos über die Wohnungsanbieter)
- http://www.wohnanzeiger.de (Forum für Anbieter und Suchende im Wohnungs- und Immobilienbereich einschließlich E-Mail-Benachrichtigung über neueste Inserate; vor allem für die, die eine eigene Wohnung suchen)
- http://www.studenten-wohnung.de (Umfangreiche Wohnungsbörse mit vielen Angeboten zu Wohnungen, WGs und Apartments)
- http://www.Studentenwerke.de (Last but not least, das Internetangebot der Studentenwerke. Hier gibt es Infos und Links für alle, die einen Platz in einem Studentenwohnheim suchen.)

6.2 Wo kommt das Geld her und wie viel ist es?

Die große Mehrheit der Studierenden (86 Prozent) wird vom Elternhaus finanziell unterstützt – gut zwölf Prozent leben allein von dieser Unterhaltsleistung. Knapp zwei Drittel der Studierenden bestreiten Teile ihrer Lebenshaltungskosten mit eigenem Verdienst aus Jobs neben dem Studium – für fünf Prozent ist dies die alleinige Finanzierungsquelle. Die Förderung nach dem BAföG wird von knapp 24 Prozent der Studierenden in Anspruch genommen – ausschließlich von der BAföG-Förderung lebt gut ein Prozent der Studierenden. Neben den genannten drei „Hauptsäulen" (Elternhaus, eigener Verdienst, BAföG), auf denen die Finanzierung des Lebensunterhalts basiert, kann von Studierenden auch noch eine Reihe weiterer Finanzierungsquellen in Anspruch genommen werden. Sei es ein Stipendium, Unterstützung von Verwandten oder dem Partner oder ein Bankdarlehen.

Finanzierungsquellen von Studenten im Vergleich in Euro (gerundet)		
Herkunft der Mittel	**Prozent**	**Euro**
Eltern	49,5	349
Eigener Verdienst	10,9	215
BAföG (derzeit zur Hälfte Darlehen)	30,5	76
Sonstige Quellen (beispielsweise Stipendien, Partner/in, Darlehen.)	9,1	64

(Tabelle nach Zahlen aus: DSW/HIS 2001)

Wer diese Zahlen sieht, ist vielleicht über die geringe Höhe des BAföGs enttäuscht. Die Zahlen beziehen sich auf alle Studierenden – also sind in dieser Zahl auch diejenigen enthalten, die kein BAföG bekommen. Aber um dieses für viele wichtige Thema vorzustellen, sehen wir uns den Bereich BAföG etwas näher an.

Was ist eigentlich BAföG?

BAföG ist die Abkürzung für **Bundes-Ausbildungsförderungs-Gesetz**, mit dem unter bestimmten Umständen Studierenden eine finanzielle Unterstützung gewährt wird, deren Eltern oder Ehepartner eine bestimmte Einkommensgrenze nicht überschreiten. Eingeführt wurde das BAföG Anfang der 70er-Jahre, um begabten Schülern, deren Eltern das Studium nicht finanzieren konnten, das Studium zu ermöglichen. Laut BAföG-Statistik 2001 des Statistischen Bundesamts erhielten im Jahr 2001 in Deutschland nach vorläufigen Berechnungen rund 650.000 Personen (406.000 Studierende sowie 244.000 Schüler und Schülerinnen) BAföG.

Nicht jeder, der ein Studium über BAföG finanzieren möchte, erhält die Ausbildungsbeihilfe. Anspruch auf BAföG haben nur diejenigen, denen, wie es im Amtsdeutsch heißt, „für den Lebensunterhalt und die Ausbildung die erforderlichen Mittel anderweitig nicht zur Verfügung stehen und deren gewählte Studienfächer ihren Neigungen und Fähigkeiten entsprechen". Im Klartext heißt das: BAföG bekommt der, dessen Eltern nicht so begütert sind, und der im Studium gute Leistungen bringt.

BAföG ist eine Mischung aus Geschenk des Staates und einem Darlehen. Bis zu 50 Prozent müssen nach dem Ende des Studiums zurückgezahlt werden. Bei einem durch BAföG finanzierten Auslandsaufenthalt wird der Auslandszuschlag als nicht zurückzahlbarer Zuschuss gewährt. Die Darlehen werden nicht verzinst. Außerdem besteht die Möglichkeit, 25 Prozent des Darlehens durch einen schnellen Studienabschluss oder durch gute Studienleistungen erlassen zu bekommen. Es können beide Arten der Darlehensteilerlassung in Anspruch genommen werden, sodass man im besten Fall nur die Hälfte des Darlehens zurückzahlen muss. Mit der BAföG-Reform, die am 1. April 2001 in Kraft getreten ist, wurde der Gesamtdarlehensbetrag auf 10.000 Euro begrenzt.

Mit der Rückzahlung muss erst fünf Jahre nach Ende der Förderungshöchstdauer, bzw. im Falle einer Akademieausbildung fünf Jahre nach dem Ende der in der Ausbildungs- und Prüfungsordnung vorgesehenen Ausbildungszeit, begonnen werden, also in der Regel erst nach Ende der beruflichen Einstiegsphase.

Grundsätzlich haben alle deutschen Studenten, die an einer deutschen Hochschule ordnungsgemäß immatrikuliert sind, Anspruch auf Unterstützung. Bei Ausbildungsbeginn dürfen BAföG-Bewerber das 30. Lebensjahr noch nicht vollendet haben. Hierbei gibt es aber einige Ausnahmen (Bewerber, die über einen zweiten Bildungsweg kommen; Bewerber, die durch langjährige Berufstätigkeit einen Studienplatz bekommen haben; Bewerber, die durch Krankheit oder Kindererziehung ein Studium nicht früher aufnehmen konnten und Opfer staatlicher Verfolgung in der ehemaligen DDR): Ob aber jemand Anspruch auf Leistungen hat, hängt davon ab, wie gut oder schlecht die Einkommens- und Vermögenssituation der Eltern ist, wie groß die Familie ist und ob der Antragsteller bei den Eltern wohnt. Zusätzlich spielt der Familienstand des Antragstellers eine Rolle, ggf. das Einkommen des Ehepartners.

Das System zur Einkommens- und Vermögensermittlung mit seinen Freibeträgen, Zusatzfreibeträgen, Zuschlägen und Anrechnungsbeiträgen ist sehr kompliziert und ändert sich von Jahr zu Jahr. Die BAföG-Reform hat dieses System etwas vereinfacht und die Einkommensgrenzen der Eltern etwas gesenkt. Der derzeitige Förderungshöchstbetrag liegt bei 585 Euro im Monat und gilt für alte und neue Bundesländer gleichermaßen. Dieser Betrag wird auch BAföG-Höchstsatz genannt. Es gibt aber auch Studierende, die nur 100 oder 200 Euro im Monat erhalten.

BAföG wird nur für einen bestimmten Zeitraum gezahlt. Für die meisten Studiengänge an Fachhochschulen gelten sieben bis acht Semester, an den Universitäten in der Regel neun bis zehn Semester. Vom vierten (Fachhochschule) bzw. fünften Semester (Universitäten) an wird BAföG nur dann gewährt, wenn man eine bestandene Zwischenprüfung/Vordiplom vorweisen kann. Wer sein Studienfach wechselt, erhält nur noch dann Unterstützung, wenn er belegen kann, dass er dies aus wichtigem Grund getan hat und es frühzeitig (erstes oder zweites Semester) macht.

An allen Hochschulen gibt es BAföG-Ämter, in der Regel als Abteilung des Studentenwerkes. Sie geben auch vor Studienbeginn Auskunft, ob ein Antrag Aussicht auf Erfolg hat.

Surftipp vom Uni-Nerd: Auf den Internetseiten des Bundesministeriums für Forschung und Bildung gibt es einen BAföG-Rechner. Einfach alle Daten eingeben – und schauen, wie die Chancen auf staatliche Unterstützung stehen. Außerdem kann man hier Info-Broschüren bestellen und sich ausgiebig informieren (http://www.das-neue-bafoeg.de).

Jobben

Nach den Ergebnissen der Sozialerhebung des DSW arbeiten im Westen 66, im Osten 56 Prozent aller Studierenden neben dem Studium – rund zwölf Stunden durchschnittlich in der Woche. Die meisten haben auch keine andere Wahl, als sich zumindest einen Teil, ihres Lebensunterhalts selbst zu verdienen. Die Arbeitszeit geht immer zulasten der Zeit, die für das Studieren aufgebracht wird. Das kann natürlich zu Problemen führen. Wer viel arbeiten muss, hat weniger Zeit zu lernen – und die Zeit bis zur Prüfung ist in allen Studiengängen, die in diesem Buch behandelt werden, begrenzt. Die Tendenz bei den Hochschulen geht immer mehr dahin, die Daumenschrauben in diesem Bereich weiter anzuziehen. Studienzeitverkürzung heißt hier das Zauberwort, das sowohl auf universitärer als auch auf politischer Seite die Diskussion bestimmt. In der Praxis heißt das: Die zugestandenen Überziehungszeiten werden kürzer und Ausnahmen seltener genehmigt. In manchen Bundesländern müssen Studierende, die länger als die Regelstudienzeit studieren, mit finanziellen Sanktionen in Form von Studiengebühren rechnen.

Es hilft dennoch nichts: Das Geld für Wohnung, Essen und Bücher (die Freizeit nicht zu vergessen) muss verdient werden! Aber gerade in Studentenstädten ist es für Erstsemestler schwierig, einen gut bezahlten Job zu bekommen. Für viele wäre es ideal, einen Job an der Universität zu übernehmen. Doch die Zahl der Stellen als Bibliotheksmitarbeiter, Tutoren und wissenschaftliche Hilfskräfte ist gering, die Nachfrage sehr groß und bewerben können sich meist ohnehin nur Studenten, die ihr Grundstudium bereits abgeschlossen haben. Bleibt also für die meisten nur, sich auf dem freien Arbeitsmarkt zu verdingen.

 **Berufseinsteigertipp:** Versucht, einen Job zu finden, der etwas mit dem Studium bzw. mit dem angestrebten Berufsfeld zu tun hat. Sei es, kleine Übersetzungstätigkeiten zu übernehmen, oder auch eine Stelle als Fremdenführer für ausländische Touristen oder als Übersetzer auf Messen, um die im Studium erworbenen Sprachkenntnisse zu trainieren. Oft finden sich auch im Anschluss an Praktika Jobs bei den Firmen. Wer schon während des Studiums Erfahrungen im Berufsleben sammelt, hat später auf dem Arbeitsmarkt eindeutig die besseren Karten.

Damit es aber keine bösen Überraschungen gibt, müssen Studierende, die neben dem Studium arbeiten, einige formale Regeln einhalten: Die meisten Arbeitgeber verlangen eine Lohnsteuerkarte, die beim Einwohnermeldeamt zu haben ist. In der Karte werden Arbeitslohn und gegebenenfalls Steuer und Sozialabgaben eingetragen, die die Arbeitgeber direkt an die Behörden abführen. Denn auch für Studierende gilt: Wer Geld verdient, muss Steuern zahlen. Dabei gibt es aber ein paar Ausnahmen:

Seit dem 1. April 2003 gilt eine neue Regelung zur so genannten geringfügig entlohnten Beschäftigung. Statt der bisherigen 325 Euro bleibt nun ein Einkommen von bis zu 400 Euro steuerfrei. Die bisherige zeitliche Begrenzung – es durften nur weniger als 15 Stunden pro Woche gearbeitet werden – fällt ganz weg. Das heißt: Studierende, die in einem Job bis zu 400 Euro im Monat verdienen, bekommen ihr Gehalt brutto wie netto. Es fallen weder Steuern noch Sozialversicherungen an (dennoch gilt für Studierende, dass sie während des Semesters nicht mehr als 20 Stunden in der Woche arbeiten dürfen).

Achtung: Wer mehrere Nebenjobs hat, muss darauf achten, ob sie zusammen die magische Grenze von 400 Euro überschreiten. Dann nämlich wird der Job, der darüber liegt, versicherungspflichtig. Achtung auch beim BAföG-Bezug: Wer zu viel arbeitet, dem wird das BAföG gekürzt. Aufs Jahr gerechnet, können Studierende anrechnungsfrei monatlich 360,89 Euro hinzuverdienen. Bei einem ganzjährigen Minijob mit einem Verdienst von 400 Euro ergeben sich monatlich 31 Euro anrechenbares Einkommen, das vom BAföG abgezogen wird.

In der vorlesungsfreien Zeit brauchen Studierende sich nicht an die 20-Stunden-Regel zu halten. Sie können mehr als 20 Wochenstunden und wenn sie wollen, sogar Vollzeit arbeiten, ohne dass Vater Staat anteilig die sonst üblichen Beiträge für die Kranken-, Pflege- und Arbeitslosenversicherung verlangt. Einzig in die Rentenkasse muss man auch in dieser Zeit einzahlen.

Und eines noch: Damit der Kindergeldanspruch für die Eltern bestehen bleibt, dürfen Studenten nicht mehr als 7.188 Euro im Jahr (Stand: Dezember 2003) verdienen.

Stipendien – Förderung durch Stiftungen

Eine weitere Finanzierungsquelle sind so genannte Begabtenförderungswerke, die Stipendien an geeignete Studierende vergeben. Außerdem fördern sie Doktorarbeiten. Die wichtigsten Begabtenförderungswerke, gemessen an der Anzahl der Stipendien, sind die sechs Stiftungen, die je einer Partei nahe stehen. Daneben gibt es religiöse oder sonstige Stiftungen. Den Kontakt zu den Stiftungen vermitteln an den meisten Universitäten spezielle Vertrauensdozenten. Nähere Informationen erteilt die zentrale Studienberatung.

Neben der finanziellen Unterstützung legen Stiftungen auch Wert auf die ideelle Förderung der Stipendiaten. Kontakte zu ehemaligen und jetzigen Stipendiaten werden vermittelt und sollen Anregung und Unterstützung zur persönlichen Entwicklung bieten. Die Auswahlkriterien sind unterschiedlich. Allen Auswahlverfahren ist jedoch gemein, dass sie mehrstufig sind und man mit den anderen Stipendienbewerbern konkurriert.

Parteinahe Stiftungen

Alle im Bundestag vertretenen Parteien haben parteinahe Stiftungen gegründet, die auch besonders begabte Studierende, die sich gesellschaftlich engagieren, fördern. Je nach der Stiftung nahe stehenden Partei, wird dabei auf unterschiedliche Dinge Wert gelegt. Genauere Informationen sind auf den Internetseiten der Stiftungen zu finden oder können telefonisch angefordert werden.

Konrad-Adenauer-Stiftung (CDU)

Rathausallee 12, 53757 St. Augustin
Tel. (0 22 41) 2 46-3 11, http://www.kas.de
Gefördert werden sowohl Deutsche als auch Ausländer. Studierende benötigen ein Fachgutachten eines Hochschullehrers sowie ein Persönlichkeitsgutachten. Graduierte müssen zwei Fachgutachten zu ihrem Dissertationsprojekt vorlegen. Nach einer Vorauswahl und gegebenenfalls einer zweitägigen Auswahltagung (Test der Intelligenzstruktur, schriftliche Arbeit über ein gesellschaftspolitisches Thema, Gruppendiskussionen, Gespräch mit Ausschussmitgliedern) entscheidet ein Auswahlausschuss. Die Bewerbung ist ab Studienbeginn möglich. Bewerbungstermine: 15. Januar (SS) und 1. Juli (WS).

Heinrich-Böll-Stiftung (Bündnis '90/Die Grünen)

Rosenthaler Str. 40/41, 10178 Berlin
Tel. (0 30) 2 85 34-4 00, http://www.boell.de
Fördert erst nach dem Grundstudium bzw. Vordiplom Deutsche wie auch Ausländer. Bewerbung inklusive Gutachten und Gesprächen mit Vertrauensdozenten bis 15. November (SS) bzw. 15. Mai (WS).

Friedrich-Ebert-Stiftung (SPD)

Godesberger Allee 149, 53170 Bonn
Tel. (02 28) 8 83-0, http://www.fes.de
Aufgrund von Empfehlungen und zwei Gutachten von Hochschullehrern sowie einem Gutachten durch einen Vertrauensdozenten und einem Gespräch mit einem

Mitglied des Auswahlausschusses entscheidet der Auswahlausschuss über die Aufnahme. Gefördert wird ab dem zweiten Semester (Antrag stellen vor Abschluss des Semesters), gefördert werden Deutsche und Bildungsinländer (Abitur in Deutschland).

Bundesstiftung Rosa Luxemburg (PDS)
Franz-Mehring-Platz 1, 10243 Berlin
Tel. (0 30) 44 31 02 21, http://www.bundesstiftung-rosa-luxemburg.de
Gefordert werden hohe fachliche Leistungen und ein gesellschaftliches Engagement. Bewerber müssen förderungsbedürftig im Sinne des BAföG sein. Es gilt der Grundsatz der Selbstbewerbung. Auch hier entscheidet ein Auswahlausschuss. Die Förderung ist ab dem dritten (Uni) bzw. zweiten Semester (FH) möglich. Bewerbungstermin: 15. Juli (WS).

Friedrich-Naumann-Stiftung (FDP)
Karl-Marx-Str. 2, 14482 Potsdam
Tel. (03 31) 70 19-0, http://www.fnst.de
Selbstbewerbung von Studierenden oder Vorschläge von Professoren müssen bis zum 30.6. bzw. 30.11. eingegangen sein. Gefördert wird nach dem dritten Semester. Zwei Hochschullehrergutachten über die fachliche Qualifikation und Gespräche mit den Mitgliedern des Auswahlausschusses während eines Auswahlseminars entscheiden über die Aufnahme.

Hans-Seidl-Stiftung (CSU)
Lazarettstr. 33, 80636 München
Tel. (0 89) 12 58-0, http://www.hss.de
Bewerbungsunterlagen können bei der Stiftung angefordert werden. Entschieden wird aufgrund von zwei Gutachten sowie Auswahlgesprächen mit dem Auswahlausschuss. Bewerbungsschluss ist der 15.7. bzw. 31.1. Zielgruppe sind deutsche und ausländische Studierende aller Fachrichtungen.

Konfessionelle Träger
Die Förderung der folgenden kirchlichen Studienwerke ist an den entsprechenden Glauben gebunden.

Evangelisches Studienwerk e.V.
Haus Villigst, Iserlohner Str. 25, 58239 Schwerte.
Tel. (0 23 04) 75 52 13, http://www.evstudienwerk.de
Bewerben können sich deutsche, evangelische Schüler (vorzugsweise Beginn der 13. Klasse) und Studenten (bis zum vierten Fachsemester) bis zum 1.3. bzw. 1.9. Ein regionaler Vorwahlausschuss prüft die Bewerbungsunterlagen, u.a. zwei Gut-

achten über die fachliche Leistung und die Persönlichkeit, eines davon von einem Lehrer oder Hochschullehrer. Danach folgt ein Gespräch mit dem Bewerber. Die Entscheidung fällt ein Auswahlausschuss nach einer zweitägigen „Auswahlfreizeit".

Cusanuswerk (Bischöfliche Studienförderung)
Baumschulallee 5, 53115 Bonn
Tel. (02 28) 9 83 84-0, http://www.cusanuswerk.de
Selbstbewerbung von katholischen Studenten (EU-Staatsbürger) oder Vorschlag von Hochschullehrern, Lehrern oder ehemaligen Stipendiaten bis zum 10.11. Ein Auswahlgremium entscheidet aufgrund weiterer Gutachten von Hochschullehrern und des Studentenpfarrers sowie einem Gespräch mit einem Mitglied der Geschäftsstelle. Zudem werden Abiturzeugnis und Hochschulleistungen berücksichtigt.

Wirtschaftsnahe Organisationen
Auch diverse Unternehmen und Wirtschaftverbände haben Stiftungen oder Ähnliches gegründet, die unter bestimmten Umständen auch Studienförderung leisten. Hier kann die Hochschule weiterhelfen, an der man studieren will.

Stiftung der deutschen Wirtschaft (sdw)
Breite Str. 29, 10178 Berlin
Postanschrift: Studienförderwerk Klaus Murmann, 11054 Berlin
Tel. (0 30) 20 33-15 03, http://www.sdw.org
Die Bewerbung erfolgt über den Vertrauensdozenten der Stiftung. An diese müssen sich Studenten selbst aktiv wenden, wenn sie gefördert werden wollen.

Stiftungen, bei denen keine Selbstbewerbung möglich ist
Bei einigen Stiftungen kann man sich nicht direkt selbst bewerben. Unbenommen davon (oder bei der Stiftung der deutschen Wirtschaft sogar empfohlen) bleibt natürlich, die entsprechenden Leute davon zu überzeugen, dass man der ideale Kandidat für das Stipendium ist.

Studienstiftung des Deutschen Volkes e.V.
Mirbachstr. 7, 53173 Bonn
Tel. (02 28) 8 20 96-0, http://www.studienstiftung.de
Schulen (1. Juli), Hochschulen (bis 15. November) und ehemalige Stipendiaten können Vorschläge machen. Über die Aufnahme wird nach einem Auswahlseminar entschieden, bei dem längere Gespräche mit zwei Mitgliedern der Auswahlkommission stattfinden. Außerdem hält jeder Studierende ein Referat über ein selbst gewähltes Thema mit anschließender Diskussion.

Hans-Böckler-Stiftung
Bertha-von-Suttner-Platz 1, 40227 Düsseldorf
Tel. (02 11) 77 78-0, http://www.boeckler.de
Diese gewerkschaftsnahe Stiftung setzt darauf, dass die Anträge nicht von der Hochschule oder den Studenten, sondern von einer Gewerkschaft kommen. Eine Kontaktaufnahme ist über einen Vertrauensdozenten an der Universität möglich. Die Auswahl erfolgt nach einem Gespräch mit dem Vertrauensdozenten und den Stipendiatenvertretern und einer darauf basierenden Empfehlung durch den Aufnahmeausschuss und den Stiftungsvorstand. Gefördert werden vorrangig Arbeitnehmerkinder und Absolventen des zweiten Bildungswegs. Der Antrag muss zum 30.9. (SS) und 28.2. (WS) gestellt werden.

Sonstige Stiftungen:

Otto-Bennecke-Stiftung e.V.
Kennedy-Allee 105-107, 63175 Bonn
Ziel der Stiftung ist es, deutsche Aussiedler, Asylberechtigte und Flüchtlinge zu fördern. Nähere Auskünfte erteilt die Beratungsstelle der Otto-Bennecke-Stiftung: Beuthener Straße 39, 90471 Nürnberg, Tel. (09 11) 40 62 84, http://www.obs-ev.de

Studienwerk im Stiftungsverband Regenbogen e.V.
Schwannenwall 23, 4135 Dortmund, Tel. (02 31) 55 17 53
Dieses Studienwerk berücksichtigt bei der Auswahl der Stipendiaten neben den Studienleistungen auch die soziale und wirtschaftliche Lage der Bewerber und fördert vor allem Absolventen des zweiten Bildungswegs, Frauen und ausländische Studierende.

Neben diesen überregionalen Studienförderorganisationen gibt es eine Reihe lokaler Stipendienfonds. Wer sich dafür interessiert, muss sich bei der jeweiligen Stipendienstelle der Hochschule vor Ort erkundigen.

7 Erstsemester-Abc

An der Universität und der Fachhochschule gibt es so viele neue Begriffe, dass manche Informationsschrift mehr zur Verwirrung von Erstsemestlern beiträgt als zur Klärung ihrer Fragen. Auf den folgenden Seiten werden die wichtigsten Hochschulausdrücke in alphabetischer Reihenfolge erklärt.

Akademischer Grad	Grad, der aufgrund einer bestandenen Prüfung verliehen wird, beispielsweise Magister und Doktor.
Akademischer Mittelbau	Gebräuchliche Sammelbezeichnung für die Wissenschaftler, die keine Professoren sind. Etwa wissenschaftliche Mitarbeiter und Assistenten.
Akademisches Auslandsamt	Das Referat (also die Abteilung) der Universitätsverwaltung, das sich um die soziale Betreuung ausländischer Studierender und Wissenschaftler kümmert. Außerdem bearbeitet es die Stipendienanträge für einen Studienaufenthalt im Ausland.
Anschlagtafeln	Auch Aushänge oder schwarze Bretter genannt. Wichtige, aktuelle Mitteilungen für die Studierenden (verlegte oder ausfallende Lehrveranstaltungen, Sprechstunden, Prüfungs- und Anmeldetermine usw.) sind oft nur hier zu finden. Um böse Überraschungen zu vermeiden, empfiehlt es sich, die Aushänge regelmäßig und aufmerksam zu lesen.
Assistenten	Sie sind einzelnen Professoren zugeordnet und unterstützen diese. Stellen für wissenschaftliche Mitarbeiter und Assistenten sind auf höchstens sechs Jahre begrenzt und dienen der Ausbildung des wissenschaftlichen Nachwuchses. In der Regel sollen Assistenten in dieser Zeit ihre Doktorarbeit oder Habilitation schreiben.
AStA	Kürzel für den Allgemeinen Studierendenausschuss. Der AStA (an ostdeutschen Hochschulen meist Studentenrat) vertritt die Interessen der Studierenden und bietet allerhand Dienstleistungen: von Kulturveranstaltungen bis zur Beratung in allen Studienangelegenheiten. Gewählt wird der AStA von der Mehrheit des Studentenparlaments.
Audimax (Auditorium maximum)	So wird der größte und repräsentativste Hörsaal der Universität genannt.
Aufbaustudium	Es schließt sich an ein bereits absolviertes Studium an und vermittelt zusätzliche Kenntnisse einer anderen Fachrichtung.
Auslandsstudium	Informationen hierzu gibt es in diesem Studienführer und in den Länderbroschüren des DAAD. Wer ein Studium im Ausland anstrebt, sollte frühzeitig die entsprechenden Schritte einleiten, da die Bewerbungsfristen sehr lang sind (meist ein Jahr, bei manchen Programmen 16 Monate). Anträge auf Förderung gibt es beim Akademischen Auslandsamt der Hochschule.
BAföG	Bundesausbildungsförderungsgesetz. Siehe Exkurs in diesem Studienführer. Die Antragsformulare werden beim Studentenwerk ausgegeben.
Behindertenbeauftragter	Meist übernimmt diese Aufgabe ein Mitarbeiter der Zentralen Studienberatung. Er ist Ansprechpartner für alle, die wegen einer Behinderung besondere Fragen zur Realisierung des Studiums haben.

Belegen	Auf dem Belegbogen der Uni vermerkt man die Lehrveranstaltungen, die man im Semester besucht. Der Bogen wird ins Studienbuch eingeheftet. Das wiederum muss man zum Abschluss des Grund- und Hauptstudiums vorzeigen. Diese Eintragungen der Lehrveranstaltungen sind aber nicht mit der oft erforderlichen Eintragung in Teilnehmerlisten oder Anmeldungen zu verwechseln. Informationen, für welche Veranstaltungen man sich anmelden muss, gibt es entweder im kommentierten Vorlesungsverzeichnis oder auf den Anschlagbrettern der jeweiligen Institute (und meist auch im Internet).
Blockveranstaltung	Ein Seminar, das nicht jede Woche stattfindet, sondern im „Block"; meist an einem Wochenende oder ein bis zwei vollen Tagen im Semester.
Brückenkurse (Vorkurse)	Werden in Ausnahmefällen angeboten (beispielsweise um die Schulkenntnisse in Französisch aufzumöbeln). Auskünfte erteilt die Studienfachberatung. An Gesamthochschulen haben Brückenkurse eine völlig andere Bedeutung: Ihr erfolgreicher Besuch ist die Voraussetzung für die Aufnahme in den Unizweig, falls man zu Beginn des Studiums nur die Fachhochschulreife hatte.
c.t. (cum tempore)	Veranstaltungen an der Uni beginnen nicht zur angegebenen Zeit, sondern eine Viertelstunde später („akademisches Viertel"). Das heißt: Steht im Vorlesungsverzeichnis 11 Uhr, beginnt die Veranstaltung erst um 11.15 Uhr (das c.t. wird oft weggelassen – siehe auch s.t.).
Campus	Bezeichnung für das Universitätsgelände
DAAD	Abkürzung für Deutscher Akademischer Austauschdienst. Er ist eine Einrichtung der deutschen Hochschulen und hat die Aufgabe, Studierende bei ihren Auslandsaufenthalten durch Stipendien zu unterstützen und die akademischen Beziehungen zwischen Deutschland und dem Ausland zu fördern.
Dekan/Dekanat	Vom Fachbereich oder einer Fakultät gewählter Professor, der die Interessen der Fakultät vertritt und die Geschäfte der Fakultätsverwaltung (Dekanat) führt.
Dissertation	Anderes Wort für Doktorarbeit
Einführungsveranstaltung	Zu Beginn des Semesters gibt es in fast allen Studiengängen eine Einführungsveranstaltung für die Erstsemestler. Ort und Zeit können einem Informationsblatt entnommen werden, das während der Zeit der Einschreibung in der zentralen Studienberatung ausliegt.
Emeritierung	Pensionierung eines Professors.
Exkursion	Untersuchung oder Besichtigung außerhalb der Hochschule, die aber im engen Zusammenhang mit dem fachspezifischen Inhalten steht.
Exmatrikulation	Abmeldung von der Universität. Wer die Hochschule wechselt, das Studium ab-/ oder unterbricht oder es

	beendet, muss sich exmatrikulieren. Wer sich nicht zurückmeldet, eine Prüfung endgültig nicht bestanden hat oder sich nach dem Studienende nicht abgemeldet hat, wird von der Uni exmatrikuliert. Die Exmatrikulation kann man das ganze Jahr über beim Studiensekretariat der Hochschule beantragen. Im Gegensatz zur Immatrikulation gibt es hier keine Fristen. Ohne Exmatrikelvermerk der Uni im Studienbuch bzw. ohne Exmatrikulationsbescheinigung der FH kann man sich nicht an einer anderen Uni oder FH einschreiben.
Fachschaft	Gewählte Vertretung der Studenten eines Fachbereichs.
Fachsemester	Anzahl der Semester, die man in einem bestimmten Studiengang oder -fach eingeschrieben war (ohne Urlaubssemester).
Fakultät	Gröbste Unterteilung einer Universität, teilt die einzelnen Studiengänge bestimmten Wissenschaftsrichtungen zu. Die verschiedenen Sprachwissenschaften sind meist zu einer Fakultät zusammengefasst.
Fernleihe	Wenn es ein gesuchtes Buch nicht in der Bibliothek der eigenen Universität oder FH gibt, kann man es per Fernleihe bei anderen bestellen.
Frauenbeauftragte	Hier bekommen Studentinnen die Möglichkeit, sich über alle Fragen zu informieren, die mit dem Thema „Frau und Studium" zu tun haben.
Freischuss	Wer sein Studium bereits zum achten Semester abgeschlossen hat, kann das Examen oder Diplom noch einmal wiederholen, wenn er mit dem Ergebnis nicht zufrieden ist.
Gasthörer	Wer nicht an der Universität eingeschrieben ist, kann nach einer Genehmigung an einzelnen Lehrveranstaltungen teilnehmen bzw. sie als Gast besuchen.
Graecum	Nachweis altgriechischer Sprachkenntnisse.
Grundstudium	Der erste Abschnitt des Studiums. In der Regel dauert er vier Semester und schließt mit der Zwischenprüfung oder dem Vordiplom ab.
Härtefallregelung	Manche Universitäten verteilen nach dieser Regelung einen Teil ihrer Studienplätze für Bewerber in besonderen gesundheitlichen Umständen oder wirtschaftlichen Notlagen.
Hochschulsemester	Gesamtzahl der Semester, die man an einer Universität oder Fachhochschule eingeschrieben war. Bei einem Studiengangwechsel innerhalb der Hochschulart zählen die Hochschulsemester weiter, die Fachsemester werden in der Regel nicht angerechnet.
Höchststudiendauer	In den meisten Prüfungsordnungen ist festgelegt, bis wann man sich zu einer Prüfung anmelden muss. Ein Überschreiten dieser Höchststudiendauer ist in der Regel möglich, wenn man die Gründe für die Studienverzöge-

	rung nicht selbst zu verantworten hat. Wiederholungsprüfungen können oft nur innerhalb eines bestimmten Zeitraums (meist ein Semester bis ein Jahr) abgelegt werden. Wird die Höchststudiendauer überschritten, ohne dass dafür seitens der Universität eine Erlaubnis vorliegt, gilt die Prüfung als nicht bestanden.
HRG	Hochschulrahmengesetz. Bildung ist eigentlich Ländersache. Damit es aber einheitliche Rechtsgrundlagen für staatliche und staatlich anerkannte Hochschulen auf Bundesebene gibt, gibt es das HRG. Die Länder müssen sich bei ihren Gesetzen an den vom Bund gegebenen Rahmen halten.
Immatrikulation	So wird die Einschreibung genannt. Über die Immatrikulationsfristen und über die nötigen Unterlagen ist in diesem Studienführer einiges zu finden. Konkrete Informationen gibt es bei der Zentralen Studienberatung der jeweiligen Hochschule.
Kanzler	Der leitende Beamte der Hochschulverwaltung und Beauftragte für den Haushalt der Hochschule.
Kolloquium	Professoren und Studierende diskutieren gemeinsam wissenschaftliche Erfahrungen und Ergebnisse. Oft werden auch Gäste geladen. Kolloquien sind für Studierende der höheren Semester gedacht.
Kommentiertes Vorlesungsverzeichnis	Jeder Fachbereich (Fakultät) gibt ein kommentiertes Vorlesungsverzeichnis heraus, in dem alle Vorlesungen, Seminare und Praktika ausführlich beschrieben sind.
Kommilitone	Lateinisch: commilito; Bezeichnung für die Mitstudierenden.
Lehrstuhl	Planstelle für einen Professor
Leistungsnachweis	Siehe „Schein"
Literaturliste	In der ersten Lehrveranstaltung wird in der Regel eine Liste ausgeteilt, auf der sich die relevante (und weitere) Literatur zu den behandelten Themen findet. Aber: Nicht erschrecken. Keiner erwartet, dass alle 50 Bücher vom Studienanfänger bereits gelesen werden.
Matrikel	So bezeichnet man die Liste, in die alle Studierenden einer Hochschule eingetragen sind. Die Matrikelnummer steht auf dem Studentenausweis. Sie begleitet den Studenten, solange er eine bestimmte Universität besucht. Bei Anfrage, Anmeldungen und Schriftverkehr sollte die Nummer stets angegeben werden.
Mensa	Lateinisch für Tisch oder Tafel. Studentisch für: da, wo es Essen gibt – also die Kantine.
Mindeststudiendauer	An der Hochschule gibt es nicht nur eine Höchststudiendauer, sondern auch eine Mindeststudiendauer. Das heißt, man muss eine bestimmte Anzahl als ordentlicher Student (nicht als Gasthörer) eingeschrieben gewesen sein, um an den Prüfungen teilzunehmen. Bei Vorliegen

	der fachlichen Zulassungsvoraussetzungen (also der Scheine, die man zur Zwischenprüfung braucht) kann die Frist auf Antrag unterschritten werden.
N.N. (nomen nominandum)	Der Name des Vortragenden bzw. Veranstaltungsleiters ist noch nicht bekannt.
Praktikum/Praxissemester	Praktika (in Unternehmen oder Behörden) sollen berufspraktische Erfahrung vermittelt. In einer Reihe von Uni-Studiengängen sind solche außeruniversitären Praktika Pflicht. Sie sind allerdings in den Semesterferien abzuleisten. An der Fachhochschule sind sie grundsätzlich Pflicht und finden im Praxissemester statt. Näheres ist durch die jeweilige Prüfungsordnung geregelt.
Proseminar	So werden die Seminare im Grundstudium genannt. Sie behandeln in der Regel die Grundlagen und die wissenschaftlichen Methoden des Fachs.
Prüfungsamt/Prüfungen	Um an den Prüfungen teilnehmen zu können, muss man sich anmelden (Prüfungsfristen und Anmeldefristen beachten!). Zuständig für die Bearbeitung der Prüfungsangelegenheiten sind die einzelnen Prüfungsämter der Hochschulen.
Prüfungsfristen	In der Prüfungsordnung steht, bis zu welchem Zeitpunkt eine Vor- oder Abschlussprüfung abgelegt sein muss. Für Studierende, die eine „Verspätung" selbst zu verschulden haben und die Prüfung nicht rechtzeitig abgelegt haben, gilt die Prüfung als nicht bestanden. Die Wiederholungsprüfung ist innerhalb eines bestimmten Zeitraumes abzulegen. Geschieht das nicht, gilt die Prüfung als endgültig nicht bestanden. Nach einer endgültig nicht bestandenen Prüfung darf man an diesen Studiengang an keiner deutschen Hochschule weiter studieren.
Prüfungsordnung	Sie regelt den Ablauf des Studiums und dessen Prüfungen. Hier ist festgelegt, welche Prüfungen innerhalb welcher Fristen zu leisten sind.
Psychologische Hilfe	Psychologisch-psychotherapeutische Beratungsstellen gibt es bei den Studentenwerken oder bei der Zentralen Studienberatung der Hochschulen. Bei Problemen seelischer Natur kann man hier professionelle Hilfe finden.
Rechenzentrum	Die Rechenzentren einer Hochschule sind meist zentral organisiert. Hier gibt es Internet- und E-Mail-Accounts und eine Benutzernummer zum Einloggen in das Computersystem der Uni. Auch Programmierkurse oder sonstige EDV-Kurse werden hier angeboten.
Regelstudienzeit	Das ist die Semesteranzahl, in der die Studierenden einen Hochschulabschluss erreichen sollten. Je nach Abschluss beträgt sie zwischen sechs (Bachelor) und zehn Semestern. In der Realität brauchen die meisten aber länger, weil es entweder am Lehrangebot mangelt oder sie neben dem Studium arbeiten müssen.

Rektor	Auf vier Jahre gewählter Leiter der Hochschule; formelle Anrede: Magnifizient.
Ringvorlesung	Eine Vorlesung, die jede Woche von einem anderen Professor zu einem Oberbegriff gehalten wird.
Rückmeldung/Rückmeldefrist	Man muss sich gegen Ende der Vorlesungszeit beim Studentensekretariat für das Weiterstudium im nächsten Semester rückmelden. An manchen Unis ist man mit dem Überweisen des Semesterbetrags automatisch rückgemeldet, an anderen muss man persönlich erscheinen.
s.t. (sine tempore)	Steht das hinter der Uhrzeit, zu der eine Veranstaltung beginnen soll, fängt sie pünktlich und nicht wie sonst eine Viertelstunde später an.
Schein	Auch Leistungsnachweis genannt. Einen Schein bekommt man für die erfolgreiche Teilnahme an einer Übung, einem Praktikum oder Seminar. Der Veranstaltungsleiter legt fest, ob dafür ein Referat gehalten, eine Klausur oder eine Hausarbeit geschrieben werden muss (oder auch was ganz anderes oder alles drei).
Semesterwochenstunden (SWS)	Ein Seminar mit einer Semesterwochenstunde dauert 45 Minuten und läuft wöchentlich über ein Semester.
Seminar	Stammt aus dem Lateinischen und bezeichnet eine Lehrveranstaltung, die durch Gespräche geprägt ist und in der die Studierenden wissenschaftliches Arbeiten erlernen. Die Teilnehmer müssen sich in der Regel durch Referate (und Diskussionen) beteiligen. Im Grundstudium heißen Seminare oft Proseminar im Hauptstudium Haupt- oder Oberseminar.
Skript	Mitschrieb einer Vorlesung; gibt es nicht zu jeder, aber zu vielen Vorlesungen; erhältlich beim Professor oder bei der Fachschaft.
Sportzentrum	An fast allen Unis gibt es breites preiswertes Sportprogramm. Was wo stattfindet und für welche Kurse eine Anmeldung nötig ist, erfährt man im Semesterprogramm (und meist auch im Internet).
Sprachzentrum oder Sprachlabor	Das ist eine zentrale Einrichtung an Universitäten, an der Studierende aller Fachrichtungen Sprachen lernen können. Außerdem gibt es hier die Möglichkeit, Fremdsprachenprüfungen abzulegen und Zertifikate zu erwerben (die braucht man oft für Auslandssemester).
Staatsexamen	Die Abschlussprüfung, die Lehrer, Ärzte, Pharmazeuten und Juristen ablegen. Bei Lehrern (und Juristen) umfasst das Staatsexamen eine erste Staatsprüfung, den Vorbereitungsdienst (Referendariat) und eine zweite Staatsprüfung.
Studentenausweis	Mit dem Studentenausweis kann man sich (wie der Name schon sagt) innerhalb wie auch außerhalb der Universität als Studierender ausweisen. In Museen, Theatern und Kinos gibt es oft verbilligte Eintrittskarten. Mittlerweile

	bestehen Studentenausweise fast überall nur noch aus einem computerbedruckten Blatt Papier. Er gilt nur in Verbindung mit dem Personalausweis. Einen internationalen Studentenausweis kann man sich gegen eine Gebühr bei verschiedenen studentischen Reisebüros oder beim Studentenwerk ausstellen lassen.
Studentenvertretung	Sie ist die gewählte Interessenvertretung der Studierenden an der Hochschule. Hier kann man u.a. die Adressen und Kontaktdaten der Fachschaften erfragen.
Studentenwerk	Das Studentenwerk ist eine Art „Verein", der sich um das Wohlergehen der Studenten kümmert. Es betreibt Mensen und Cafeterien, verwaltet die meisten Studentenwohnheime und bietet zahlreiche weitere Unterstützungsmöglichkeiten an. Und weil das so ist, muss jeder Student bei der Einschreibung einen Pflichtbeitrag an das Studentenwerk zahlen, bei dem er dann „Mitglied" ist. Die örtlichen Studentenwerke sind im Dachverband Deutscher Studentenwerke organisiert und gehören nicht zu den jeweiligen Universitäten oder Fachhochschulen.
Studentische Hilfskräfte	Sie werden auch HiWis genannt und sind Studierende, die im Institutsbereich oder in der Verwaltung für einige Stunden in der Woche angestellt sind. Die Tätigkeiten sind recht unterschiedlich: Technische Unterstützung der Professoren während der Vorlesung, Vorbereitung von Übungen, Laborarbeiten, Aufsicht in der Bibliothek und auch Kopierarbeiten stehen hoch im Kurs.
Studienbuch	Hier müssen alle besuchten Veranstaltungen eingetragen werden. Scheine und Belegbögen werden hier eingeheftet. Das Studienbuch muss zu jeder Anmeldung und Prüfung vorgelegt werden.
Studienfachberater	Ist die richtige Adresse bei allen fachspezifischen Fragen des Studiums. Namen, Adressen, Sprechzeiten und Telefonnummern sind von der Zentralen Studienberatung zu erfahren.
Studiengangwechsel	Wer sein Studienfach wechseln will, muss sich über die Zulassungsbedingungen für das neue Fach informieren. Wer BAföG bekommt, muss den Fachwechsel mit dem Amt abklären, um weiter unterstützt zu werden. Ausländische Studierende müssen bei einem Studiengangwechsel vorsichtig sein, weil es Probleme mit der Verlängerung ihrer Aufenthaltsbewilligung geben könnte: Bis zum Ende des dritten Fachsemesters macht ein Studiengangwechsel keine Schwierigkeiten. Danach ist der Wechsel nur noch möglich, wenn Fachleistungen in größerem Umfang auf das neue Studium angerechnet werden können.
Studienordnung	Aus den Prüfungsordnungen der einzelnen Fächer abgeleitete Bestimmungen, die den Studienverlauf regeln.

Studienortswechsel	An manche Hochschulen und in manche Studienfächer kann man problemlos zu jedem Semester wechseln, andere haben spezielle Bestimmungen (z.B. nur nach dem Grundstudium). Die Zentrale Studienberatung der neuen Hochschule hilft bei der Vorbereitung.
Stundenplan	An der Uni müssen Studierende ihren eigenen Stundenplan aus den Vorlesungen, Seminaren und Übungen zusammenstellen. An der FH bekommen sie am Anfang des Semesters einen fertigen Stundenplan ausgehändigt.
Tutorium	Übung mit einer meist kleinen Teilnehmerzahl, die von einem Studierenden aus einem hohem Semester (Tutor) gehalten wird.
Übung	So nennt man Lehrveranstaltungen, in der die gelernte Theorie in die (wissenschaftliche) Praxis umgesetzt wird.
Urlaubssemester	Studierende können sich für maximal zwei Semester aus wichtigen Gründen beurlauben lassen. Gründe sind etwa ein Auslandsstudium, Schwangerschaft oder Kindererziehung. Urlaubssemester zählen nicht als Fachsemester. Der Antrag ist in der Regel vor Semesterbeginn zu stellen.
Vordiplom	Das Grundstudium in Diplomstudiengängen wird mit dem Vordiplom abgeschlossen. Es ist Voraussetzung für das Hauptstudium.
Vorlesung	Bei dieser Lehrveranstaltung vermittelt der Professor Fachwissen. Eine Beteiligung der Studierenden (außer vielleicht mal eine Zwischenfrage) ist nicht vorgesehen.
Vorlesungsbeginn	Das Wintersemester (WS) dauert vom 1.10. bis zum 31.3., die Vorlesungen beginnen meist Mitte Oktober und enden Mitte Februar. Um die Weihnachtzeit gibt es zwei Wochen Ferien. Das Sommersemester (SS) dauert vom 1.4. bis zum 30.9., die Vorlesungen beginnen in der Regel Mitte April und gehen bis Mitte Juli.
Vorlesungsverzeichnis	Hier sind alle Seminare und Vorlesungen der gesamten Universität während eines Semesters aufgelistet. Wer mehr Informationen als Fachbereich, Titel der Veranstaltung, Tag, Uhrzeit und Namen des Dozenten wissen will, muss in das kommentierte Vorlesungsverzeichnis seiner Fakultät schauen.
Wahlpflichtfach	In verschiedenen Studiengängen müssen sich die Studierenden während des Hauptstudiums aus verschiedenen Wahlfächern eines (oder mehrere) heraussuchen.
Zentrale Studienberatung	Einrichtung an jeder Hochschule, an der sich Erstsemestler und fortgeschrittene Studierende über Studienmöglichkeiten, Aufbau und Anforderungen des Studiums informieren können.
Zwischenprüfung	So nennt man die Prüfung, in der man in Magister- und Lehramtsstudiengängen das Grundstudium abschließt. Sie ist wie die Vordiplomprüfung die Voraussetzung für das Hauptstudium.

II FACHSPEZIFISCHER TEIL

1 Germanistik

1.1 Germanistik – was ist das?

Germanistik ist eine Sammelbezeichnung für Wissenschaftsdisziplinen, die sich vor allem mit der Erforschung der deutschen Sprache und der deutschsprachigen Literatur befassen. Sie ist im Vergleich zu anderen Fächern wie zum Beispiel der Philosophie, der Medizin oder der Rechtswissenschaft ein relativ „junges" Fach. Das Studium der deutschen Sprache, der deutschen Literatur und ihrer Geschichte hat sich erst vor knapp 200 Jahren als Forschungs- und Lehrdisziplin etabliert. Die Kenntnisse, die im Studium vermittelt werden, beschränken sich nicht nur auf den klassischen Bereich der deutschen Sprache und Literatur, sondern erstrecken sich auch auf andere angrenzenden Bereiche wie Psychologie, Soziologie, Medizin oder Informatik. Für die Berufschancen von Germanisten sind ihre methodischen Fertigkeiten entscheidend. Dazu gehört die Fähigkeit, größere Sachverhalte zu ermitteln und zu beschreiben sowie Argumente zu formulieren und zu bewerten.

Im Rahmen der jüngsten Studienreform wurden und werden viele bestehende germanistische Studiengänge berufsbezogen umstrukturiert, neue auf den Arbeitsmarkt zugeschnittene Studiengänge konzipiert und berufsbezogene Aufbaustudiengänge geschaffen. Die Entwicklung hin zur praxis- und berufsbezogenen Ausbildung wird sich in den nächsten Jahren weiter fortsetzen und sich in neuen Studienordnungen und Studienschwerpunkten niederschlagen.

Aber die Germanistik ist traditionell auch eine Disziplin der Lehrerausbildung. Als in den späten 70er- und frühen 80er-Jahren keine Lehrer mehr eingestellt wurden, verschlechterten sich die beruflichen Aussichten für Studierende der Germanistik massiv. Ihre Zahl ging deshalb aber nicht zurück. Statt etwas ganz anderes zu studieren, entschieden sich viele für den Magisterstudiengang – und für diesen gibt es keine traditionellen Berufsfelder. Das heißt zum einen, dass man mit einem Germanistikstudium ein breites Berufsfeld zur Wahl hat, zum anderen heißt das aber eben auch, dass man sich am besten schon früh darüber Gedanken machen sollte, was man mit dem Studium anfangen will, und Studieninhalte und Praktika nach diesen Zielen ausrichten.

1.2 Warum Germanistik studieren?

Die Germanistik beschäftigt sich wissenschaftlich mit der deutschen Sprache. Wer glaubt, hier eine Ausbildung zum Schriftsteller oder Journalisten zu erhalten, wird enttäuscht sein. Bei der Wahl des Studienfachs sollte einem klar sein, dass Germanistik eines der so genannten „Massenfächer" an den deutschen Universitäten ist. Die Berufsaussichten stehen in umgekehrt proportionalem Verhältnis zur Menge der Studierenden. Es lohnt sich also, sich genau zu überlegen, ob, wozu und wo man dieses Fach studieren möchte. Hat man sich seine Ziele gesteckt und ist sich über die Vor- und Nachteile bewusst, fällt es leichter, mit Schwierigkeiten und Unzulänglichkeiten, wie zum Beispiel überfüllten Hörsälen oder mangelnder Betreuung durch die Lehrenden, umzugehen.

Wer sich nur lustlos oder gar nicht zum Lesen schleppt und kein großes Interesse für Sprachphänomene und für Literatur unterschiedlicher Stile und Epochen aufbringen kann, sollte sich ein Germanistikstudium noch mal gründlich überlegen. Germanisten sind „Leser aus Passion". Wer sich hingegen gerne mit Strukturen gesprochener und geschriebener Sprache, mit Literatur, mit Theater und Film beschäftigt, wer viel liest und sich für die Hintergründe der Lektüre interessiert, wird mit diesem Studium glücklich. Eine Neigung zu analysierendem und abstrahierendem Denken ist von großem Vorteil. Ein ernsthaftes und sinnvolles Studium der Germanistik setzt auch voraus, dass man bereit ist, sich mit den Methoden und Fragestellungen anderer Disziplinen zu beschäftigen. Denn sprachliche Strukturen sowie literarische Texte und ihre Interpretationen sind ja immer Erzeugnisse der gesellschaftlichen, historischen und seelischen Wirklichkeiten des Menschen, sodass es sich lohnt, sie aus unterschiedlichen Blickwinkeln zu betrachten. Die in der Schule häufig gelehrte „richtige Interpretation" wird an der Hochschule meist durch eine Menge von neuen Frageperspektiven ersetzt.

Wer sich Anstöße für die eigene Bildung und Persönlichkeitsentwicklung vom Studium der Germanistik verspricht, ist aufgrund der Vielseitigkeit, die das Fach fordert, gut beraten. Gerade auf diesem Fachgebiet hängen die Erfolgs- und Berufsaussichten von der eigenen Persönlichkeit, Kreativität und Initiative ab. Deshalb ist das lustbetonte Argument für die Wahl des Fachs nicht so realitätsfremd, wie es scheinen könnte: Unternehmen, die Absolventen geisteswissenschaftlicher Studiengänge einstellen, erwarten über die soliden Fachkenntnisse und einige Fähigkeiten im Umgang mit modernen Kommunikationsmitteln hinaus vor allem Qualitäten wie kritisches Textverständnis, Ideenreichtum, Ausstrahlung und Menschenkenntnis – so genannte Soft Skills, die im letzten Kapitel dieses Studienführers noch genauer unter die Lupe genommen werden.

1.3 Zulassung und Abschlüsse

Nachdem nun einige der ideellen Voraussetzungen für ein erfolgreiches Studium der Germanistik geklärt sind, widmen wir uns jetzt den „technischen" Voraussetzungen. Zur Einschreibung an einer Universität ist die allgemeine Hochschulreife nötig. Sie wird bescheinigt durch das Reifezeugnis einer höheren Schule oder einem vom Kultusministerium des jeweiligen Bundeslandes als gleichwertig anerkannten Bildungsnachweis, den man beispielsweise über den zweiten Bildungsweg (Länderkollegs oder ähnliche Einrichtungen) erwerben kann. Wer im Besitz eines im Ausland erworbenen Reifezeugnisses ist, muss sich rechtzeitig um die Anerkennung seiner Zulassungsberechtigung kümmern. Darüber hinaus wird die Kenntnis der deutschen Sprache und Literatur, die dem Niveau des Fachs Deutsch in der gymnasialen Oberstufe entspricht, vorausgesetzt.

Für das Studium der Germanistik gibt es an den wenigsten Universitäten Zulassungsbeschränkungen. Wenn es solche gibt, werden diese durch Regelungen der Hochschule selbst festgelegt. Teilweise beschränken sie sich auf die Wahl des Hauptfachs, manchmal gelten sie auch für die Nebenfächer. Der Zulassungsantrag ist in diesem Fall bei der jeweiligen Hochschule einzureichen, wobei auf die individuellen Bewerbungsfristen zu achten ist. Die Termine stehen in der Regel einige Monate vor Studienbeginn fest. Infos gibt es beim jeweiligen Studentensekretariat telefonisch zu erfragen und sie sind meist auf den Internetseiten der Institute zu finden. Für Interessenten eines Lehramtsstudiums gilt folgende Ausnahme: In Nordrhein-Westfalen werden Studienplätze für das Grundschullehramt über die Zentrale Vergabestelle für Studienplätze (ZVS) in Dortmund vergeben. In allen anderen Bundesländern besteht keine Zulassungsbeschränkung und die Studienplatzbewerber können sich ohne besondere Verfahren an der Universität, an der sie studieren möchten, einschreiben.

Für das Lehramtsstudium wie auch für das Magisterstudium braucht man in vielen Bundesländern ein Latinum. Aber wie immer gibt es hier so viele verschiedene Regelungen und Ausnahmen, dass man sich an der jeweiligen Hochschule informieren sollte, ob und wann das Latinum für den Abschluss vorausgesetzt wird.

Die Regelstudienzeit beträgt an den meisten Universitäten neun bis zehn Semester, an manchen sogar nur acht. Am häufigsten wird Germanistik „auf Magister" studiert. Die Regelstudienzeiten sind aber nur bedingt realistisch. So liegt die durchschnittliche Semesterzahl für den Magisterstudiengang Germanistik bei 13 bis 14 Semestern, die für Lehramtsstudiengänge (Gymnasium) bei 12 bis 13. Einige Hochschulen bieten seit kurzem auch einen Bachelorstudiengang an. Hier beträgt die Regelstudienzeit nur sechs Semester. Wie hoch die tatsächliche Semesteranzahl ist, lässt sich noch nicht sagen, da es in diesen Studiengängen noch keine Absolventen gibt.

> **✔ Mögliche Studienabschlüsse in Germanistik**
>
> - Diplom
> - Magister Artium
> - Diplom-Handelslehrer(in), Wahlfach Deutsch
> - Lehramt an Grundschulen
> - Lehramt an Hauptschulen und Realschulen
> - Lehramt an Gymnasien
> - Lehramt an Sonderschulen
> - Bachelor

1.4 Inhalte des Fachs

Germanistik war im ursprünglichen Sinn die Wissenschaft von Sprache, Literatur, Kultur, Religion, Recht und Wirtschaft der Germanen. Heute ist der Gegenstandsbereich der Germanistik weitgehend auf die deutsche Literatur und Sprache beschränkt. Neben dem Begriff Germanistik wird der Studiengang an manchen Hochschulen „deutsche Philologie" oder „deutsche Sprach- und Literaturwissenschaft" genannt. Gemeint ist jedoch das Gleiche.

Die Germanistik hat die Aufgabe, die deutsche Sprache und Literatur in allen ihren historischen und gegenwärtigen Erscheinungsformen zu erforschen, zu dokumentieren und zu vermitteln.

Im Rahmen des Magisterstudiengangs Germanistik gibt es eine Reihe „Fächer", die in den verschiedensten Ausprägungen und mit den verschiedensten Schwerpunkten an den Universitäten angeboten werden. Man studiert nicht „einfach" Germanistik, sondern wählt ein Teilfach als Hauptfach, zu dem entweder ein zweites Hauptfach oder zwei Nebenfächer kommen. Eines dieser Nebenfächer darf ein weiteres germanistisches Teilfach sein. An den meisten Instituten werden die Teilfächer „Neuere deutsche Literatur" und „Ältere deutsche Literatur" und „Sprachwissenschaft" als Magisterhauptfach angeboten. Je nach Größe und Differenziertheit der Institute werden weitere Fächer angeboten. Zum Beispiel „Allgemeine und vergleichende Literaturwissenschaft" (Komparatistik), „Allgemeine und vergleichende Sprachwissenschaft", „Niederdeutsche Sprache und Literatur", „Niederlandistik", „Nordistik", „Jiddische Sprache und Literatur", „Deutsch als Fremdsprache", „Medienwissenschaft", „Theaterwissenschaft", „Buchwissenschaft" oder „Computerlinguistik". Doch nicht an allen Hochschulen sind die Teilfächer, wenn sie angeboten werden, auch an den germanistischen Instituten untergebracht. Medienwissenschaften oder Theaterwissenschaften haben häufig eigene Institute und definieren sich dann auch nicht als Germanisten. An manchen Hochschulen können die Teilfächer nur als Nebenfächer gewählt werden, da nicht genug Lehrkapazitäten für einen „Hauptfachunterricht" zur Verfügung stehen. Mit welchen Fächern das jeweilige Hauptfach kombiniert werden kann oder auch muss, ist von Universität zu Universität verschieden. Am besten informiert man sich also vor Ort bei den Fachstudienberatern über die angebotenen Teilgebiete und Kombinationsangebote.

Die meisten Universitäten verpflichten Studierende, die ein germanistisches Magisterhauptfach gewählt haben, das Grundstudium in der ganzen Fachbreite zu studieren. Das ist sinnvoll, da ein allgemeiner Überblick eine gute Basis für eine Spezialisierung ist. Zudem gewinnen viele Studierende häufig erst nach einigen Semestern Klarheit über ihre Wünsche und Möglichkeiten und wechseln nicht selten aus dem Magister- in den Lehramtsstudiengang oder umgekehrt. Welche Teilbereiche an deutschen Hochschulen studiert werden können, ist der Übersicht am Ende dieses Kapitels zu entnehmen.

Grundsätzlich lässt sich die Germanistik in die Sprach- und die Literaturwissenschaft unterteilen, wobei jeder dieser Teilbereiche wiederum verschiedene Unterbereiche hat.

Sprachwissenschaft

Die deutsche Sprachwissenschaft, die auch Linguistik genannt wird, untersucht die deutsche Sprache auf den verschiedenen Sprachebenen (Lautungen/Schreibungen, Flexionsformen, Wörter, Sätze, Texte), in ihrer sprachsoziologischen Schichtung (Dialekte, Umgangssprachen, Schriftsprache), in ihrer sprachgeographischen Gliederung und ihren historischen Erscheinungsformen. Zur Linguistik gehören die Teilbereiche „Ältere deutsche Sprache", „Neuere deutsche Sprache", „Gegenwartssprache", „Allgemeine und vergleichende Sprachwissenschaft", „Angewandte Sprachwissenschaft", „Soziolinguistik", „Computerlinguistik" und „Medizinische Linguistik". Die „Neuere deutsche Sprache" beschäftigt sich mit der Entwicklung der Sprache seit 1500, die „Ältere deutsche Sprache" mit ihren früheren Formen, also dem Gotischen, Althochdeutschen und Mittelhochdeutschen.

Literaturwissenschaft

Die Literaturwissenschaft erschließt die deutschsprachige Literatur unter systematischen wie historischen Aspekten (Poetik, Rhetorik, Stilistik, Gattungs-, Formen- und Stoffgeschichte, Epochengliederungen). Der Bereich der deutschen Literatur von ihren Anfängen im 8. Jahrhundert bis in die Gegenwart ist im Allgemeinen unterteilt in die ältere und die neuere Literatur. Wer „Neuere deutsche Literatur" studiert, beschäftigt sich jedoch nicht etwa nur mit den Werken des 20. Jahrhunderts, sondern potenziell mit allem, was nach dem Übergang vom Mittelalter zur Neuzeit (um 1500) an Literatur geschaffen wurde. Wer „Ältere deutsche Literatur" studiert, die an manchen Hochschulen auch Mediävistik genannt wird, liest und analysiert literarische Werke, die zwischen dem 8. und dem 16. Jahrhundert entstanden sind. Dafür müssen dann erst mal Kenntnisse des Mittelhochdeutschen erworben werden, da es sich doch stark von unserer modernen Sprache abhebt. Studierende der Literaturwissenschaften beschäftigen sich mit Theorien zur Interpretation, mit der Erfassung allgemeiner Strukturen von Texten und thematischen und formalen Kategorien von Literatur. Dazu kommt die Literaturgeschichte, denn ein Werk muss immer vor dem Hintergrund seiner ideologischen und theoretischen Bezugsrahmen interpretiert werden. Im Klartext: Wenn man weiß, ob ein Buch vor 200 Jahren geschrieben wurde oder zu Zeiten des Nationalsozialismus oder in den 90er-Jahren des letzten Jahrhunderts, wird man anders an die Interpretation des Inhalts herangehen.

Sprach- und Literaturwissenschaft haben sich im Bereich des Neuzeit- und des Gegenwartsdeutschen relativ weit auseinander entwickelt und bilden in der Regel getrennte Organisationseinheiten. In den „älteren Abteilungen" hingegen sind sie oft stark miteinander verbunden.

Die **vergleichende Literaturwissenschaft**, die auch Komparatistik genannt wird, hat einen „übernationalen" Charakter, das heißt, dass man sich nicht nur mit deutscher Literatur, sondern mit Literaturen verschiedener Länder beschäftigt. Da die deutsche Literatur in keiner Periode aus sich selbst heraus, sondern immer im Kontakt mit anderssprachigen Literaturen entstanden ist, ist die Komparatistik häufig am Germanistischen Institut untergebracht. Sie untersucht und vergleicht die Literaturen verschiedener Länder oder Kulturräume unter übergeordneten Gesichtspunkten, die historischer, philosophischer, ästhetischer, soziologischer oder wissenschaftstheoretischer Art sein können. An manchen Hochschulen zählen auch die Theater- und Medienwissenschaften zu diesem Bereich der Germanistik.

Für Lehramtsstudierende spielt über diese germanistischen Kerngebiete hinaus das Fachgebiet **Didaktik der deutschen Sprache und Literatur** eine Rolle.

Deutsch als Fremdsprache hat sich an vielen Universitäten zu einem weiteren Teilfach entwickelt. Es erlangt immer größere Bedeutung, da es Studierende befähigt, Menschen, die in Deutschland leben und deren Muttersprache eine andere als Deutsch ist, zu unterrichten; aber auch die Nachfrage nach Deutschkenntnissen im Ausland steigt. Künftige Lehrkräfte für Deutsch als Fremdsprache müssen sich mit den besonderen methodischen und didaktischen Anforderungen dieses Fachgebiets vertraut machen. Neben dem Arbeitsort Schule wird das Arbeitsfeld Vermittlung sprachlicher und literarischer Bildung in der Öffentlichkeit immer wichtiger. Das Fach will über den bloßen Sprachunterricht hinaus auch Landeskunde vermitteln, das heißt, Studierende beschäftigen sich zusätzlich mit der Kultur, den Lebensverhältnissen und den Politik-, Rechts- und Wirtschaftssystemen Deutschlands.

Für alle Bereiche gilt, dass das Buch längst nicht das einzige Medium ist, das in der Germanistik eine Rolle spielt. Seminare zum Sprachgebrauch in den elektronischen Medien oder Vorlesungen über „Film und Literatur" werden an den meisten Universitäten angeboten. Der Literaturbegriff der Germanistik ist ein weitaus breiterer als der in der Schule genutzte. Germanisten beschäftigen sich nicht nur mit Büchern, sondern mit allen „Texterzeugnissen". Darunter versteht man alles von fiktionalen Texten wie Romanen, Dramen oder Gedichten bis zu nicht fiktionalen Texten wie Reportagen, Flugblätter oder Werbespots.

1.5 Aufbau und Ablauf des Studiums

Wie schon im allgemeinen Teil dieses Buchs ausführlich erklärt, regelt die Studienordnung den Aufbau des jeweiligen Studiengangs, die Pflichtveranstaltungen und die Grundanforderungen für alle Studierenden des Fachs. Die einzelnen Studienordnungen weichen von Universität zu Universität so weit voneinander ab, dass es nicht möglich ist, an dieser Stelle eine für alle Hochschulen gültige Empfehlung für den Aufbau des Studiums zu geben. Dazu kommt, dass der Studienaufbau natürlich abhängig davon ist, auf welchen Teilbereich der Germanistik man sich spezialisiert. Folgende Auflistung kann also nur das Prinzip des Studienaufbaus bei einem Magisterstudium darstellen. Die jeweils verbindliche Studienordnung gibt es bei der Studienfachberatung oder im jeweiligen Sekretariat der Fakultät.

X Beispiel

Grundstudium (1. bis 4. Semester)
- *Orientierungsveranstaltung* (diese gibt es nicht überall)
- *je Teilgebiet eine Einführung:* z.B. eine in Linguistik, eine in Mediävistik, eine in Literaturwissenschaft. Meist wird die Veranstaltung mit einer Klausur abgeschlossen.
- *Proseminare und Vorlesungen:* Grundlagenwissen der Germanistik, Kennenlernen der Methoden, der literarischen Gattungen und Epochen
- *Einführung in die Bibliotheksnutzung und -arbeit* (oft nicht Pflicht, aber unbedingt empfehlenswert!)

- *Fremdsprachen* (auch diese braucht man nicht an jeder Hochschule)

Zwischenprüfung (zwischen dem 3. und dem 5. Semester)

Hauptstudium (4. bis frühestens 8., meist 10. Semester)

- *Wahl einer Teildisziplin als Schwerpunkt* (z.B. Neuere Deutsche Literatur) und Vertiefung des allgemeinen Fachwissens
- *Hauptseminare und Vorlesungen:* Einarbeiten in spezifische Methoden der Germanistik (Hermeneutik, Ästhetik, Grammatiktheorien, Semiotik), Spezialisierung in einem Teilgebiet (z.B. Literatur im Exil, Kommunikation durch neue Medien)

Examensvorbereitungen (ab dem 7./8. Semester)

- *Kolloquium* für Examenskandidaten
- *Haupt- und Oberseminare,* vor allem bei den späteren Prüfern
- *Absprache der Haus- bzw. Magisterarbeit* mit den Prüfern
- *Schreiben der Arbeit* (meist sechs Monate Zeit)
- *Absprache der Klausur- und Prüfungsthemen*

Grundsätzlich ist das Studium also in ein Grund- und ein Hauptstudium unterteilt. Im Grundstudium sollen oder müssen die einzelnen Fächer relativ breit belegt werden, um einen Überblick über das Fach und seine Schwerpunkte zu erreichen. Das Grundstudium wird mit einer Zwischenprüfung abgeschlossen. Voraussetzung dafür ist die Vorlage einer Mindestanzahl von Leistungsnachweisen (ca. fünf bis sieben Scheine). Die Reihenfolge, in der die Scheine erworben werden, spielt meist keine Rolle. Ob die Zwischenprüfung in Form einer mündlichen Prüfung, einer mehrstündigen Klausur oder in einer Kombination von mündlicher und schriftlicher Prüfung abläuft, ist von Universität zu Universität verschieden. Ist die Zwischenprüfung dann bestanden, bietet das Hauptstudium größere Entscheidungsfreiräume für die Schwerpunktbildung. In den Hauptseminaren muss man sich auf ein Teilgebiet des Fachs konzentrieren; also in der Regel entweder auf die Sprach- oder die Literaturwissenschaft. Oft wird eine gute Hauptseminararbeit Ausgangspunkt für die schriftliche Examensarbeit (Magister-, Diplom- oder Zulassungsarbeit im Lehrerexamen). An vielen Instituten werden zusätzlich Examenskurse, Kolloquien und Übungen angeboten, in denen man die Aneignung und Anwendung des Fachwissens perfektionieren kann.

1. 6 Der Stundenplan

Der Stundenplan ergibt sich aus dem aktuellen Lehrangebot, der Studienordnung, der Fächerkombination und nicht zuletzt den eigenen Wünschen. Im Folgenden ist ein Stundenplan abgebildet, wie er für das Hauptfach Germanistik im Grundstudium aussehen *könnte*. Da sich aber die Studienordnungen wie auch die Angebote an Veranstaltungen an den Universitäten stark unterscheiden, ist folgender Vorschlag nur als grobe Orientierung zu sehen. Gerade das Angebot an Seminaren ist an jeder Universität unterschiedlich.

✗ Beispiel

1. Semester
- *Orientierungsveranstaltung* für Studienanfänger
- *Vorlesung*: Einführung in die Linguistik
- *Vorlesung*: Dramen des Sturm und Drang
- *Übung*: Texte schreiben im Studium
- *Proseminar*: Einführung in die Analyse und Interpretation lyrischer Texte

Dazu kommen noch etwa 8–10 SWS im zweiten Hauptfach bzw. in den Nebenfächern.

2. Semester
- *Vorlesung*: Einführung in die Mediävistik
- *Vorlesung*: Einführung in die Literaturwissenschaft
- *Vorlesung*: Linguistische Metapherntheorie
- *Proseminar*: Thomas Manns Erzählungen
- *Proseminar*: Mittelhochdeutsch

Dazu kommen noch etwa 8–10 SWS im zweiten Hauptfach bzw. in den Nebenfächern.

3. Semester
- *Vorlesung*: Klassiker der Filmgeschichte
- *Vorlesung*: Die Literatur der deutschen Aufklärung
- *Proseminar*: Autobiografie im Kontext jüdisch-deutscher Kulturgeschichte
- *Proseminar*: Romantik
- *Mittelseminar*: Goethes Versepen

Dazu kommen noch etwa 8–10 SWS im zweiten Hauptfach bzw. in den Nebenfächern.

4. Semester
- *Vorlesung*: Heldendichtung
- *Vorlesung*: Rilke – Benn – Brecht. Vergleichende Lektüren zur deutschen Lyrik des 20. Jahrhunderts
- *Proseminar*: Gegenwartsliteratur: Erinnerungen an die DDR
- *Proseminar*: Pop – Literatur und Kunst

Dazu kommen noch etwa 8–10 SWS im zweiten Hauptfach bzw. in den Nebenfächern.

Danach folgt in der Regel die Zwischenprüfung. Im Hauptstudium verlegt man sich mehr und mehr auf einen individuellen Schwerpunkt, sodass ein hier abgebildeter Stundenplan keinen geltenden Beispielcharakter haben könnte. Im Großen und Ganzen geht es aber ähnlich weiter mit einer Mischung aus Vorlesungen und Seminaren, die jetzt Hauptseminare heißen und tiefere Kenntnisse zum jeweiligen Inhalt voraussetzen.

1.7 Tätigkeitsfelder und Berufsperspektiven

Wie bei den meisten geisteswissenschaftlichen Studiengängen gibt es kein festes Berufsbild für Germanisten. Denn wie bei vielen anderen Fachrichtungen auch, handelt es sich bei der Deutschen Philologie um keine Berufsausbildung. Neben der Vermittlung der Fachkenntnisse werden vor allem Schlüsselqualifikationen wie selbstständiges wissenschaftliches Arbeiten, Recherchieren von Literatur, die Fähigkeit, Referate und Vorträge zu halten, und der Umgang mit fremden Kulturen vermittelt, die in vielen Berufsfeldern eingebracht werden können. Doch eines soll hier noch einmal betont werden: Ein Studium der Germanistik wird von vielen Unternehmen nicht als ausreichende Einstellungsgrundlage gesehen. Zusätzliche Qualifikationen, die in Nebenfächern oder Praktika erworben werden, sind auf jeden Fall anzuraten. Auch sollten sich Studierende so früh wie möglich Gedanken darüber machen, in welches Berufsfeld sie nach dem Studium einsteigen wollen, und ihre Schwerpunkte darauf ausrichten. Im Mittelpunkt aller Berufe stehen – mehr oder weniger – Kommunikation und Sprache. So arbeiten Sprach- und Literaturwissenschaftler klassischerweise im Verlagswesen, in Bibliotheken, im Journalismus, in der Werbung, im Tourismus, in der Erwachsenenbildung oder im kulturellen Bereich, wie beispielsweise an Theatern.

Doch diese klassischen Arbeitsbereiche bieten seit einigen Jahren nicht mehr genügend Arbeitsplätze für alle Absolventen philologischer Studiengänge. Deshalb lohnt es sich zunehmend, sich auch in privatwirtschaftlichen Unternehmen nach beruflichen Alternativen umzusehen. Betriebliche Praktika, Hochschulinitiativen wie „Magister in den Beruf" und Aktivitäten der Hochschulteams der Arbeitsämter für Geistes- und Sozialwissenschaftler helfen dabei, entsprechende Kontakte zu knüpfen.

International ausgerichtete Konzerne schätzen Philologen wegen ihrer interkulturellen Kompetenzen und Sprachgewandtheit. Gefragt sind dabei vor allem Kenntnisse in Englisch, Französisch und Spanisch, in geringerem Maße auch Italienisch und Portugiesisch. Wichtig für den Berufseinstieg in die Privatwirtschaft sind auch Zusatzqualifikationen etwa im Internet- und Multimediabereich oder in Betriebswirtschaft, daneben auch Praxiserfahrung zum Beispiel durch studienbegleitende Jobs in der Wirtschaft. Bei Positionen in Unternehmensberatungen oder in der Öffentlichkeitsarbeit großer Unternehmen haben promovierte Bewerber/innen oft die größeren Chancen.

Geschätzt werden Geisteswissenschaftler auch wegen ihrer häufig unkonventionellen Herangehensweise: Sie sind in der Lage, scheinbar unabhängige Bereiche miteinander zu verknüpfen und auch neue Zusammenhänge in ihre Überlegungen miteinzubeziehen. Finanzdienstleister und Versicherungen schätzen Geisteswissenschaftler auch wegen ihrer Soft Skills, also wegen ihrer zwischenmenschlichen Kompetenzen wie zum Beispiel Kontakt- und Kommunikationsfähigkeit, Fähigkeit im Zuhören, Einfühlungsvermögen, Teamfähigkeit und Verhandlungsgeschick. Auf dieses Thema wird in einem gesonderten Kapitel noch einmal eingegangen werden.

Wer Deutsch als Fremdsprache studiert hat, kann entweder in Deutschland Nichtmuttersprachlern Unterricht geben, hat aber auch gute Chancen, ins Ausland zu gehen und dort zu lehren.

1. 8 Das Studienangebot an deutschen Hochschulen

Studienort	Studiengang/-fach	Abschluss	Anmerkung
TU Aachen	Deutsch	Lehramt an Berufskollegs	
	Deutsch	Lehramt an Gymnasien und Gesamtschulen	
	Deutsche Philologie	Magister	Studienbeginn WS empfohlen
	Neuere Deutsche Literaturgeschichte	Magister	Studienbeginn WS empfohlen
U Augsburg	Deutsch	Lehramt an Grundschulen	
	Deutsch	Lehramt an Gymnasien	
	Deutsch	Lehramt an Hauptschulen	
	Deutsch	Lehramt an Realschulen	
	Deutsche Sprache und Literatur des Mittelalters	Magister	
	Deutsche Sprachwissenschaft unter besonderer Berücksichtigung des Neuhochdeutschen	Magister	

Studienort	Studiengang/-fach	Abschluss	Anmerkung
U Augsburg	Didaktik der deutschen Sprache und Literatur	Magister	
	Neuere deutsche Literaturwissenschaft	Magister	
U Bamberg	Deutsch	Lehramt an beruflichen Schulen	
	Deutsch	Lehramt an Grundschulen	
	Deutsch	Lehramt an Gymnasien	
	Deutsch	Lehramt an Hauptschulen	
	Deutsch	Lehramt an Realschulen	
	Germanistik	Diplom	
	Germanistik	Magister	
U Bayreuth	Deutsch	Lehramt an beruflichen Schulen	Zweitfach
	Deutsch	Lehramt an Grundschulen	
	Deutsch	Lehramt an Gymnasien	
	Deutsch	Lehramt an Hauptschulen	
	Germanistik	Magister	
FU Berlin	Ältere deutsche Literatur und Sprache	Magister	
	Deutsch	Amt des Lehrers	nur Zweitfach/ zweites Hauptfach
	Deutsch	Amt des Lehrers an Sonderschulen/für Sonderpädagogik	nur Zweitfach/ zweites Hauptfach
	Deutsch	Amt des Lehrers mit fachwissenschaftl. Ausbildung in zwei Fächern	
	Deutsch	Studienrat	
	Deutsch	Studienrat mit einer beruflichen Fachrichtung	nur Zweitfach/ zweites Hauptfach
	Deutsch	Studienrat mit Erstfach Bildende Kunst oder Musik	nur Zweitfach/ zweites Hauptfach
	Deutsche Philologie (Germanistik)	Magister	
	Linguistik (Allgemeine und deutsche Sprachwissenschaft)	Magister	

Studienort	Studiengang/-fach	Abschluss	Anmerkung
FU Berlin	Neuere deutsche Literatur	Magister	
HU Berlin	Ältere deutsche Literatur und Sprache	Magister	
	Deutsch	Lehramt	
	Deutsch	Lehramt an Sonderschulen/ für Sonderpädagogik	nur Zweitfach/ zweites Hauptfach
	Deutsch	Lehramt mit fachwissenschaftl. Ausbildung in zwei Fächern	
	Deutsch	Studienrat	
	Deutsch	Studienrat mit einer beruflichen Fachrichtung	nur Zweitfach/ zweites Hauptfach
	Deutsch	Studienrat mit Erstfach Bildende Kunst oder Musik	nur Zweitfach/ zweites Hauptfach
	Germanistische Linguistik	Magister	
	Neuere deutsche Literatur	Magister	
TU Berlin	Deutsch	Lehramt an Sonderschulen/ für Sonderpädagogik	nur Zweitfach/ zweites Hauptfach
	Deutsch	Lehramt mit fachwissenschaftl. Ausbildung in zwei Fächern	
	Deutsch	Studienrat	
	Deutsch	Studienrat mit einer beruflichen Fachrichtung	nur Zweitfach/ zweites Hauptfach
	Deutsch	Studienrat mit Erstfach Bildende Kunst oder Musik	nur Zweitfach/ zweites Hauptfach
	Deutsche Philologie	Magister	
U Bielefeld	Deutsch	Bachelor/Master – Lehramt an Grund-, Haupt- und Realschulen	Modellversuch gestufte Lehramtsausbildung
	Deutsch	Bachelor/Master – Lehramt an Gymnasien/ Gesamtschulen	Modellversuch gestufte Lehramtsausbildung
	Germanistik	Bachelor/Master	

Studienort	Studiengang/-fach	Abschluss	Anmerkung
U Bochum	Deutsch	Bachelor/Master – Lehramt an Berufskollegs	Modellversuch gestufte Lehramtsausbildung
	Deutsch	Bachelor/Master – Lehramt an Gymnasien/ Gesamtschulen	Modellversuch gestufte Lehramtsausbildung
	Germanistik	Bachelor/Master	auch internationaler Studiengang mit Doppeldiplom
U Bonn	Germanistik, Deutsche Sprache und ältere deutsche Literatur	Magister	
	Germanistik, Neuere deutsche Literatur	Magister	
TU Braunschweig	Deutsch	Lehramt an Grund-, Haupt- und Realschulen	
	Deutsch	Lehramt an Gymnasien	
	Germanistik	Magister	
U Bremen	Deutsch	Lehramt für die Primarstufe	Möglichkeit zur Zusatzqualifikation „Deutsch als Zweitsprache"
	Deutsch	Lehramt für die Sekundarstufe I	Möglichkeit zur Zusatzqualifikation „Deutsch als Zweitsprache"
	Deutsch	Lehramt für die Sekundarstufe II	Möglichkeit zur Zusatzqualifikation „Deutsch als Zweitsprache"
	Germanistik	Magister	
TU Chemnitz	Germanistik	Magister	
	Germanistische Literaturwissenschaft	Magister	nur Nebenfach
	Germanistische Mediävistik	Magister	nur Nebenfach
	Germanistische Sprachwissenschaft	Magister	nur Nebenfach

Studienort	Studiengang/-fach	Abschluss	Anmerkung
TU Darmstadt	Deutsch	Lehramt an beruflichen Schulen	
	Germanistik	Magister	
U Dortmund	Deutsch	Lehramt an Berufskollegs	
	Deutsch	Lehramt an Grund-, Haupt- und Realschulen und den entsprechenden Jahrgangs- stufen der Gesamtschulen, Schwerpunkt Grundschule	
	Deutsch	Lehramt an Grund-, Haupt- und Realschulen und den entsprechenden Jahrgangs- stufen der Gesamtschulen, Schwerpunkt Haupt-, Real- und Gesamtschule	
	Deutsch	Lehramt an Gymnasien und Gesamtschulen	
	Deutsch	Lehramt für Sonder- pädagogik	
TU Dresden	Deutsch	Lehramt an berufsbilden- den Schulen	
	Deutsch	Lehramt an Grundschulen	
	Deutsch	Lehramt an Gymnasien	
	Deutsch	Lehramt an Mittelschulen	
	German Studies/Culture and Communication	Master	internationaler Studiengang
	Germanistik (Deutsch als Fremdsprache)	Magister	
	Germanistik (Literaturwissenschaft)	Magister	
	Germanistik (Sprachwissenschaft)	Magister	
U Duisburg	Deutsch	Lehramt an Berufskollegs	
	Deutsch	Lehramt an Gymnasien und Gesamtschulen	
	Germanistik	Magister	
	Germanistik/Linguistik	Magister	nur Nebenfach
	Germanistik/Literatur- wissenschaft	Magister	nur Nebenfach
U Düsseldorf	Ältere deutsche Philologie	Magister	
	Germanistik	Bachelor	
	Germanistische Sprach wissenschaft	Magister	

Studienort	Studiengang/-fach	Abschluss	Anmerkung
U Düsseldorf	Neuere deutsche Philologie	Magister	
U Eichstätt/ Ingolstadt	Deutsch	Lehramt an Grundschulen	
	Deutsch	Lehramt an Gymnasien	
	Deutsch	Lehramt an Hauptschulen	
	Deutsch	Lehramt an Realschulen	
	Germanistik	Magister	
U Erfurt	Deutsch	Lehramt an berufsbilden-den Schulen	nur Zweitfach
	Deutsch	Lehramt an Grundschulen	
	Deutsch	Lehramt an Regelschulen	
U Erlangen	Deutsch	Lehramt an beruflichen Schulen	Zweitfach
	Deutsch	Lehramt an Gymnasien	
	Deutsch	Lehramt an Realschulen	
	Didaktik der deutschen Sprache und Literatur	Magister	
	Germanische und deutsche Philologie	Magister	
	Germanistische Linguistik	Magister	
	Neuere deutsche Litera-turgeschichte	Magister	
U Essen	Deutsch	Lehramt an Berufskollegs	
	Deutsch	Lehramt an Grund-, Haupt- und Realschulen und den entsprechenden Jahrgangs-stufen der Gesamtschulen, Schwerpunkt Grundschule	
	Deutsch	Lehramt an Grund-, Haupt- und Realschulen und den entsprechenden Jahrgangs-stufen der Gesamtschulen, Schwerpunkt Haupt-, Real- und Gesamtschule	
	Deutsch	Lehramt an Gymnasien und Gesamtschulen	
	Germanistik	Magister	
U Flensburg	Deutsch	Lehramt an berufsbilden-den Schulen	
	Deutsch	Lehramt an Grund- und Hauptschulen	
	Deutsch	Lehramt an Realschulen	

Studienort	Studiengang/-fach	Abschluss	Anmerkung
U Flensburg	Deutsch	Lehramt an Sonderschulen	nur Grundstudium (Hauptstudium U Kiel)
U Frankfurt a.M.	Deutsch	Lehramt an Grundschulen	
	Deutsch	Lehramt an Gymnasien	
	Deutsch	Lehramt an Haupt- und Realschulen	
	Deutsch	Lehramt an Sonderschulen	
	Germanistik	Magister	
U Freiburg	Deutsch	Lehramt an Gymnasien	
	Deutsche Philologie (Ältere deutsche Literatur und Sprache)	Magister	auch Teilzeitstudium für bestimmte Personengruppen
	Deutsche Sprach- und Literaturwissenschaft	Baccalaureus/Bachelor	nur Hauptfach
	Neuere deutsche Literatur	Baccalaureus/Bachelor	nur Nebenfach
	Neuere deutsche Literaturgeschichte	Magister	auch Teilzeitstudium für bestimmte Personengruppen
	Nordgermanische Philologie	Baccalaureus/Bachelor	nur Nebenfach
	Nordgermanische Philologie	Magister	auch Teilzeitstudium für bestimmte Personengruppen
	Sprachwissenschaft des Deutschen	Baccalaureus/Bachelor	nur Nebenfach
	Sprachwissenschaft des Deutschen	Magister	auch Teilzeitstudium für bestimmte Personengruppen
PH Freiburg	Deutsch	Lehramt an Grund- und Hauptschulen	auch „Europa-Lehramt" möglich
	Deutsch	Lehramt an Realschulen	auch „Europa-Lehramt" möglich
U Gießen	Deutsch	Lehramt an Grundschulen	
	Deutsch	Lehramt an Gymnasien	
	Deutsch	Lehramt an Haupt- und Realschulen	
	Deutsch	Lehramt an Sonderschulen	

Studienort	Studiengang/-fach	Abschluss	Anmerkung
U Gießen	Deutsche Literatur-wissenschaft	Magister	
	Deutsche Sprachwissen-schaft und Literatur des Mittelalters	Magister	
	Didaktik der deutschen Sprache und Literatur	Magister	
U Göttingen	Deutsch	Lehramt an berufsbilden-den Schulen	
	Deutsch	Lehramt an Gymnasien	
	Deutsche Philologie	Magister	
	Niederdeutsche Sprache und Literatur	Magister	
U Greifswald	Ältere deutsche Philologie	Magister	nur Nebenfach
	Deutsch	Lehramt an Gymnasien	auch Modell-versuch „Mas-ter of Educa-tion" nach vor-angegangenem Bachelorstu-dium
	Deutsch	Lehramt an Haupt- und Realschulen	auch Modell-versuch „Mas-ter of Educa-tion" nach vor-angegangenem Bachelorstu-dium
	Deutsche Sprache	Magister	nur Nebenfach
	Germanistik	Bachelor/Magister	akkreditierter Studiengang
	Germanistische Literatur-wissenschaft	Master	
	Neuere Deutsche Literatur	Magister	nur Nebenfach
	Niederdeutsch	Bachelor	akkreditierter Studiengang
	Niederdeutsch	Lehramt an Gymnasien	nur als Beifach
	Niederdeutsch	Lehramt an Haupt- und Realschulen	nur als Beifach
	Niederdeutsche Philologie	Magister	nur Nebenfach
U Halle	Altgermanistik	Magister	nur Nebenfach

Studienort	Studiengang/-fach	Abschluss	Anmerkung
U Halle	Deutsch	Lehramt an Grundschulen	
	Deutsch	Lehramt an Gymnasien	
	Deutsch	Lehramt an Sekundarschulen	
	Germanistische Literaturwissenschaft	Magister	
	Germanistische Sprachwissenschaft	Magister	
U Hamburg	Ältere deutsche Literatur	Magister	nur Nebenfach
	Deutsch	Lehramt an der Grund- und Mittelstufe	
	Deutsch	Lehramt an der Oberstufe (allgemein bildende Schulen)	
	Deutsch	Lehramt an der Oberstufe (berufliche Schulen)	
	Deutsch	Lehramt an Sonderschulen	
	Deutsche Sprache	Magister	nur Nebenfach
	Deutsche Sprache und Literatur	Bakkalaureat/Magister	
	Neuere deutsche Literatur	Magister	nur Nebenfach
	Niederdeutsche Sprache und Literatur	Magister	nur Nebenfach
U Hannover	Deutsch	Lehramt an berufsbildenden Schulen	
	Deutsch	Lehramt an Grund-, Haupt- und Realschulen	
	Deutsch	Lehramt an Gymnasien	
	Deutsch	Lehramt für Sonderpädagogik	
	Germanistik	Magister	
PH Heidelberg	Deutsch	Lehramt an Grund- und Hauptschulen	
	Deutsch	Lehramt an Realschulen	
U Heidelberg	Deutsch	Lehramt an Gymnasien	
	Deutsche Philologie	Magister	
U Hildesheim	Deutsch	Lehramt an Grund-, Haupt- und Realschulen	
U Jena	Auslandsgermanistik/DaF	Magister	
	Deutsch	Lehramt an Gymnasien	
	Deutsch	Lehramt an Regelschulen	

Studienort	Studiengang/-fach	Abschluss	Anmerkung
U Jena	Germanistik	Magister	
	Germanistische Litera-turwissenschaft	Magister	
	Germanistische Sprach-wissenschaft	Magister	
PH Karlsruhe	Deutsch	Lehramt an Grund- und Hauptschulen	auch „Europa-Lehramt" mög-lich
	Deutsch	Lehramt an Realschulen	auch „Europa-Lehramt" mög-lich
TH Karlsruhe	Deutsch	Lehramt an Gymnasien	
	Germanistik	Baccalaureus/Master	
U Kassel	Deutsch	Lehramt an Grundschulen	
	Deutsch	Lehramt an Gymnasien	
	Deutsch	Lehramt an Haupt- und Realschulen	
	Deutsche Philologie	Magister	
U Kiel	Deutsch	Lehramt an Gymnasien	
	Deutsch	Lehramt an Realschulen	Zusatzqualifi-kation Magis-ter möglich
	Deutsche Philologie (Ältere deutsche Litera-turwissenschaft/Sprach-wissenschaft)	Magister	
	Deutsche Philologie (Neuere deutsche Lite-raturwissenschaft)	Magister	
	Niederdeutsch	Lehramt an Gymnasien	nur als Ergän-zungsfach
	Niederdeutsch	Lehramt an Realschulen	nur als Ergän-zungsfach
U Koblenz	Deutsch	Lehramt an Grund- und Hauptschulen	
	Deutsch	Lehramt an Realschulen	
	Deutsch	Lehramt an Sonderschulen	
	Germanistik	Magister	
U Köln	Deutsch	Lehramt an Grund-, Haupt- und Realschulen und den entsprechenden Jahrgangs-stufen der Gesamtschulen, Schwerpunkt Grundschule	
	Deutsch	Lehramt an Grund-, Haupt- und Realschulen und den entsprechenden Jahrgangs-	

Studienort	Studiengang/-fach	Abschluss	Anmerkung
U Köln		stufen der Gesamtschulen, Schwerpunkt Haupt-, Real- und Gesamtschule	
	Deutsch	Lehramt an Gymnasien und Gesamtschulen	
	Deutsche Philologie	Magister	
U Konstanz	Deutsch	Lehramt an Gymnasien	
	Deutsche Literatur	Bachelor	
U Landau	Deutsch	Lehramt an Grund- und Hauptschulen	
	Deutsch	Lehramt an Realschulen	
	Deutsch	Lehramt an Sonderschulen	
	Germanistik	Magister	
U Leipzig	Deutsch	Lehramt an Förderschulen	
	Deutsch	Lehramt an Grundschulen	
	Deutsch	Lehramt an Gymnasien	
	Deutsch	Lehramt an Mittelschulen	
	Deutschlandstudien/ German Studies	Bakkalaureat	nur für ausländische Studienbewerber
	Germanistik	Magister	
PH Ludwigsburg	Deutsch	Lehramt an Grund- und Hauptschulen	
	Deutsch	Lehramt an Realschulen	
U Lüneburg	Deutsch	Lehramt an berufsbildenden Schulen	
	Deutsch	Lehramt an Grund-, Haupt- und Realschulen	
U Magdeburg	Deutsch	Lehramt an Gymnasien	
	Deutsch	Lehramt an Sekundarschulen	
	Germanistik	Magister	
U Mainz	Deutsch	Lehramt an Gymnasien	auch deutsch-französisches Studienprogramm mit Doppelabschluss
	Deutsche Philologie	Magister	auch deutsch-französisches Studienprogramm mit Doppelabschluss

Studienort	Studiengang/-fach	Abschluss	Anmerkung
U Mannheim	Deutsch	Lehramt an Gymnasien	
	Deutsche Philologie	Magister	
	Germanistik	Bachelor	
U Marburg	Deutsch	Lehramt an Gymnasien	
	Deutsche Sprache	Magister	nur Nebenfach
	Deutsche Sprache und Literatur	Magister	nur Hauptfach
	Neuere Deutsche Literatur	Magister	nur Nebenfach
U München	Deutsch	Lehramt an beruflichen Schulen	
	Deutsch	Lehramt an Grundschulen	
	Deutsch	Lehramt an Gymnasien	
	Deutsch	Lehramt an Hauptschulen	
	Deutsch	Lehramt an Realschulen	
	Deutsch	Lehramt an Sonderschulen	nur Erweiterungsprüfung möglich
	Deutsche Sprache und Literatur des Mittelalters (Mediävistik)	Magister	
	Didaktik der deutschen Sprache und Literatur	Magister	
	Germanistische Linguistik	Magister	
	Neuere deutsche Literaturwissenschaft	Magister	
U Münster	Deutsch	Lehramt an Berufskollegs	Modellstudiengang „Kooperative Lehramtsausbildung für das Berufskolleg" in Kooperation mit der FH Münster
	Deutsch	Lehramt an Grund-, Haupt- und Realschulen und den entsprechenden Jahrgangsstufen der Gesamtschulen, Schwerpunkt Grundschule	
	Deutsch	Lehramt an Grund-, Haupt- und Realschulen und den entsprechenden Jahrgangsstufen der Gesamtschulen, Schwerpunkt Haupt-, Real- und Gesamtschule	

Studienort	Studiengang/-fach	Abschluss	Anmerkung
U Münster	Deutsch	Lehramt an Gymnasien und Gesamtschulen	
	Deutsche Philologie (Germanistik)	Magister	
U Nürnberg	Deutsch	Lehramt an Grundschulen	
	Deutsch	Lehramt an Hauptschulen	
U Oldenburg	Deutsch	Lehramt an berufsbildenden Schulen	
	Deutsch	Lehramt an Grund-, Haupt- und Realschulen	
	Deutsch	Lehramt an Gymnasien	
	Deutsch	Lehramt für Sonderpädagogik	
	Germanistik	Magister	
U Osnabrück	Deutsch	Lehramt an berufsbildenden Schulen	
	Deutsch	Lehramt an Grund-, Haupt- und Realschulen	
	Deutsch	Lehramt an Gymnasien	
	Germanistik	Magister	
U Paderborn	Ältere deutsche Literaturwissenschaft	Magister	
	Deutsch	Lehramt an Berufskollegs	
	Deutsch	Lehramt an Grund-, Haupt- und Realschulen und den entsprechenden Jahrgangsstufen der Gesamtschulen, Schwerpunkt Grundschule	
	Deutsch	Lehramt an Grund-, Haupt- und Realschulen und den entsprechenden Jahrgangsstufen der Gesamtschulen, Schwerpunkt Haupt-, Real- und Gesamtschule	
	Deutsch	Lehramt an Gymnasien und Gesamtschulen	
	Germanistische Sprachwissenschaft	Magister	
	Neuere deutsche Literaturwissenschaft	Magister	
U Passau	Deutsch	Lehramt an Grundschulen	
	Deutsch	Lehramt an Gymnasien	
	Deutsch	Lehramt an Hauptschulen	

Studienort	Studiengang/-fach	Abschluss	Anmerkung
U Passau	Deutsch	Lehramt an Realschulen	
	Deutsche Literatur-wissenschaft	Magister	
	Deutsche Sprach-wissenschaft	Magister	
	Didaktik der deutschen Sprache und Literatur	Magister	
U Potsdam	Deutsch	Lehramt an Gymnasien	
	Deutsch	Lehramt Sekundarstufe I und Primarstufe	
	Germanistische Linguistik	Magister	
	Literaturwissenschaft (Germanistik)	Magister	
U Regensburg	Deutsch	Lehramt an Grundschulen	
	Deutsch	Lehramt an Gymnasien	
	Deutsch	Lehramt an Hauptschulen	
	Deutsch	Lehramt an Realschulen	
	Deutsche Philologie	Bachelor/Magister	
U Rostock	Deutsch	Lehramt an beruflichen Schulen	
	Deutsch	Lehramt an Grund- und Hauptschulen	
	Deutsch	Lehramt an Gymnasien	
	Deutsch	Lehramt an Haupt- und Realschulen	
	Deutsch	Lehramt für Sonder-pädagogik	
	Germanistik	Bakkalaureus/Magister	
U Saarbrücken	Allemand	Licence, Maîtrise	3. und 4. Studienjahr des franz. Germanistikstudiums
	Deutsche Sprach- und Literaturwissenschaft	Lehramt an beruflichen Schulen	
	Deutsche Sprach- und Literaturwissenschaft	Lehramt an Gymnasien und Gesamtschulen (Klassenstufen 5 bis 13)	
	Deutsche Sprach- und Literaturwissenschaft	Lehramt an Hauptschulen und Gesamtschulen	
	Deutsche Sprach- und Literaturwissenschaft	Lehramt an Realschulen und Gesamtschulen	
	Deutsche Sprach- und Literaturwissenschaft	Magister	auch Deutsch als Fremd-sprache

Studienort	Studiengang/-fach	Abschluss	Anmerkung
U Saarbrücken	Grenzüberschreitende deutsch-französische Studien	Licence, Maîtrise, Diplom	2. Studienabschnitt in Kooperation mit U Metz
PH Schwäbisch Gmünd	Deutsch	Lehramt an Grund- und Hauptschulen	
	Deutsch	Lehramt an Realschulen	
U Siegen	Ältere deutsche Literatur- und Sprachwissenschaft	Magister	
	Deutsch	Lehramt an Berufskollegs	
	Deutsch	Lehramt an Grund-, Haupt- und Realschulen und den entsprechenden Jahrgangsstufen der Gesamtschulen, Schwerpunkt Grundschule	
	Deutsch	Lehramt an Grund-, Haupt- und Realschulen und den entsprechenden Jahrgangsstufen der Gesamtschulen, Schwerpunkt Haupt-, Real- und Gesamtschule	
	Deutsch	Lehramt an Gymnasien und Gesamtschulen	
	Neuere deutsche Literaturwissenschaft	Magister	
	Sprachwissenschaft des Deutschen	Magister	
U Stuttgart	Deutsch	Lehramt an Gymnasien	
	Germanistik	Magister	
	Germanistik – Literaturwissenschaft	Bachelor	
U Trier	Deutsch	Lehramt an Gymnasien	
	Deutsch	Lehramt an Realschulen	
	Germanistik	Magister	
U Tübingen	Ältere deutsche Sprache und Literatur	Magister	
	Deutsch	Lehramt an Gymnasien	
	Germanistik	Bachelor	
	Linguistik des Deutschen	Magister	
	Neuere deutsche Literatur	Magister	
U Vechta	Deutsch	Lehramt an Grund-, Haupt- und Realschulen	
	Germanistik	Magister	nur Nebenfach

Studienort	Studiengang/-fach	Abschluss	Anmerkung
PH Weingarten	Deutsch	Lehramt an Grund- und Hauptschulen	
	Deutsch	Lehramt an Realschulen	
U Wuppertal	Deutsch	Lehramt an Berufskollegs	
	Deutsch	Lehramt an Grund-, Haupt- und Realschulen und den entsprechenden Jahrgangs-stufen der Gesamtschulen, Schwerpunkt Grundschule	
	Deutsch	Lehramt an Grund-, Haupt- und Realschulen und den entsprechenden Jahrgangs-stufen der Gesamtschulen, Schwerpunkt Haupt-, Real- und Gesamtschule	
	Deutsch	Lehramt an Gymnasien und Gesamtschulen	
	Germanistik	Magister	
	Mediävistik	Magister	nur Nebenfach oder Schwer-punkt im Hauptfach
	Neuere deutsche Literaturgeschichte	Magister	nur Nebenfach oder Schwer-punkt im Hauptfach
	Sprachwissenschaft des Deutschen	Magister	nur Nebenfach oder Schwer-punkt im Hauptfach
U Würzburg	Ältere deutsche Sprache und Literatur	Magister	
	Deutsch	Lehramt an Grundschulen	
	Deutsch	Lehramt an Gymnasien	
	Deutsch	Lehramt an Hauptschulen	
	Deutsch	Lehramt an Realschulen	
	Deutsche Sprach-wissenschaft	Magister	
	Didaktik der Deutschen Sprache und Literatur	Magister	
	Neuere deutsche Literaturwissenschaft	Magister	

Quelle: Studien- und Berufswahl

2 Anglistik und Amerikanistik

2.1 Anglistik und Amerikanistik – was ist das?

Anglistik ist die Wissenschaft von der englischen Sprache und Literatur. An manchen Hochschulen wird das Fach auch Englische Philologie oder schlicht Englisch genannt. Mit Englisch ist aber in der Regel das Fach im Rahmen eines Lehramtsstudiums gemeint. Weil Englischlehrer sich mit allen Kulturräumen auskennen müssen, in denen Englisch gesprochen wird, umfasst es sowohl die Literatur Großbritanniens, einschließlich Irlands, des Commonwealth wie auch der USA. Die Englische Philologie meint hingegen meist nur den britischen Kulturraum inklusive Commonwealth – manchmal schließt sie jedoch auch den der USA mit ein. Studierende der Anglistik hingegen beschäftigen sich nur mit dem britischen Kulturraum, die neuere Wissenschaft Amerikanistik spezialisiert sich auf den amerikanischen Kulturraum.

Wie in allen Sprachwissenschaften, ist ein großes Interesse an Literatur die wichtigste Voraussetzung für das Studium. Ohne dieses wird man die Menge des Lesestoffs als Belastung empfinden. Zudem sollte sich das Interesse über die Literatur hinaus auf alles Englische bzw. Amerikanische erstrecken. Die historische Sprachwissenschaft setzt in der Anglistik im 5. Jahrhundert an, als sich durch die Einwanderung der Angelsachsen und Jüten die englische Sprache entwickelte. Die Amerikanistik beginnt mit ihren Betrachtungen etwa bei den Pilgervätern um 1620.

2.2 Warum Anglistik oder Amerikanistik studieren?

Wie auch bei anderen Philologien stehen bei der Anglistik und der Amerikanistik die Linguistik, also die Sprachwissenschaft, auf der einen Seite und die Literaturwissenschaft auf der anderen Seite im Mittelpunkt. Der dritte Schwerpunkt liegt auf dem möglichst perfekten Beherrschen der Sprache. Wichtig ist in der Anglistik und Amerikanistik die Liebe zur Literatur und der Spaß am Lesen. Daneben beschäftigen sich Anglisten und Amerikanisten aber nicht nur mit Texten, sondern auch mit den kulturellen und gesellschaftlichen Zusammenhängen des jeweiligen Landes bzw. Kulturkreises. Wer „nur" gut Englisch sprechen oder übersetzen können will, ist vielleicht mit einem Übersetzerstudium besser beraten. Anglisten und Amerikanisten werden zu Experten des jeweiligen Kulturraums und sind in der Lage, die Kommunikation zwischen verschiedenen Ländern zu interpretieren. Gerade diesem Gesichtspunkt kommt für die Zukunft der Europäischen Gemeinschaft und der weltweiten internationalen Zusammenarbeit auf politischer und vor allem wirtschaftlicher Ebene besondere Bedeutung zu.

2.3 Zulassung und Abschlüsse

Für alle Hochschulen ist das Abitur die wichtigste Studienvoraussetzung. Anglistik und Amerikanistik haben in der Regel keinen Numerus clausus. Die Studienplätze werden nicht bundesweit über die ZVS vergeben, sondern wenn es einen NC gibt, legt ihn die Hochschule selbst fest.

Wer Anglistik auf Lehramt studieren will, muss in der Regel ein Latinum vorweisen. Für das Magisterstudium gilt an den meisten Hochschulen das Gleiche. Häufig – jedoch nicht überall – ist es möglich, sich stattdessen Französischkenntnisse im Umfang der Mindestanforderungen im Abitur anerkennen zu lassen. Nicht selten wird neben dem Latinum noch eine moderne Fremdsprache verlangt. Da jedoch die Anforderungen von Bundesland zu Bundesland und selbst von Universität zu Universität variieren, muss man sich auf jeden Fall bei der Zentralen Studienberatung der jeweiligen Wunschuni informieren.

Das Studium der Anglistik setzt zudem die Beherrschung der englischen Sprache in Wort und Schrift voraus. Die Kenntnisse sollen etwa den Anforderungen eines Leistungskurses Englisch der gymnasialen Oberstufe bei sieben bis neun Jahren Englischunterricht und einer guten Abschlussnote entsprechen. An den meisten Unis gibt es im ersten Semester einen Sprachtest, der oft Placementtest genannt wird, an dem man sehen kann, auf welchem sprachlichem Niveau man gerade steht und ob man gegebenenfalls zu Beginn des ersten Semesters einen Aufbaukurs absolvieren muss.

An fast allen Universitäten gibt es zwei Studiengänge: zum einen den Magisterstudiengang, zum anderen einen mit Staatsexamen, der die Studierenden zum Lehramt an den verschiedenen Schultypen ausbildet. An einigen wenigen Universitäten wird auch ein Diplomstudiengang angeboten. Seit den letzten Jahren geht der Trend dahin, Bachelor- und Masterstudiengänge auch in diesem Fachbereich einzuführen. Im Magisterstudiengang können Anglistik und Amerikanistik entweder als Haupt- oder als Nebenfach gewählt werden. Das Magisterfach heißt meist entweder Anglistik und umfasst in der Regel nur die britische Sprache und Literatur oder Amerikanistik und beschäftigt sich dann mit Sprache und Literatur des amerikanischen Kulturraums. Das Fach im Rahmen der Lehrerausbildung wird meist schlicht Englisch oder Englische Philologie genannt und beschäftigt sich mit Sprache, Literatur und Landeskunde der gesamten englischsprachigen Welt.

Neu ist ein akademischer Titel, der allen Studierenden, die ein Lehrerstaatsexamen bestanden haben, auf formlosen Antrag zusätzlich verliehen wird: der Magister (Magistra) Educationis (M.Ed.). Er wurde eingeführt, um die Benachteiligung von Studiengängen mit Staatsexamen gegenüber den entsprechenden europäischen Absolventen zu beheben, die sich alle mit einem akademischen Titel schmücken können.

X Mögliche Studienabschlüsse

- Diplom
- Magister Artium
- Diplom-Handelslehrer(in), Wahlfach Deutsch
- Lehramt an Grundschulen
- Lehramt an Hauptschulen und Realschulen
- Lehramt an Gymnasien
- Lehramt an Sonderschulen
- Bachelor
- Master

Die Einschreibungen finden meist einige Wochen, manchmal sogar Monate vor Semesterbeginn statt, sodass man sich rechtzeitig nach Terminen bei der Zentralen Studienberatung der jeweiligen Hochschule oder auf der Internetseite der Universität erkundigen sollte.

2.4 Inhalte des Fachs

Das Fach gliedert sich in vier Bereiche: die Sprachpraxis, die am ehesten dem aus der Schule bekannten Englischunterricht ähnelt, die Sprachwissenschaft, die Literaturwissenschaft und schließlich die Landeskunde. Für Lehramtsstudierende kommt noch die Fachdidaktik hinzu. Aber schauen wir uns einmal die einzelnen Teilbereiche genauer an.

Sprachpraxis: Dieser Bereich nimmt einen großen Teil des Studiums ein. Beinahe die Hälfte des Grundstudiums ist dem Verbessern der Sprachkenntnisse gewidmet. An manchen Hochschulen wird dem sprachpraktischen Unterricht jedoch nicht besondere Achtung geschenkt, da er „nur" die Basis und nicht das Entscheidende, nämlich die fachwissenschaftliche Auseinandersetzung ist. Doch häufig führen gerade unzureichende Sprachkenntnisse zu einem Misserfolg im Examen. Nur wer die Sprache sicher beherrscht, kann sich auch mit der Literatur beschäftigen.

Einige Hochschulen haben die sprachpraktische Ausbildung sogar aus dem anglistischen Institut ausgelagert. Dann findet sie im zentralen Sprachenzentrum oder Sprachlabor statt. Hier unterrichten in der Regel auch nicht Professoren, sondern Lektoren, akademische Räte oder Studienräte im Hochschuldienst. Die Geringschätzung dieses Teils des Studiums durch die Fachwissenschaft verleitet Studierende nicht selten dazu, sich in diesem Bereich nur das Nötigste anzueignen. Spätestens bei den Prüfungen kommt dann das böse Erwachen, denn dort müssen Essays in englischer Sprache verfasst werden. Deshalb der Rat, sich vertieft mit dem Beherrschen der Sprache auseinander zu setzen und zu lernen, sich auch über fachwissenschaftliche Gegenstände mündlich und schriftlich ausdrücken zu können.

Die sprachpraktische Ausbildung ist gegliedert in ein System von Grund- und Aufbaukursen über Mittel- und Oberstufenübungen bis hin zu Examenskursen. Deskriptive und praktische Phonetik (also Aussprache), Grammatik, Übersetzungstheorie und Übersetzungstechnik stehen hier auf dem Stundenplan. Am Anfang des Studiums findet in der Regel ein Einstufungstest statt. Wer hier zu schlecht abschneidet, muss ein Semester lang einen Auffrischungskurs belegen, bis er in die regulären Kurse einsteigen kann.

Sprachwissenschaft: Dieser auch Linguistik genannte Teil des Studiums hat die Aufgabe, die Sprache systematisch zu erforschen. Die Sprachwissenschaft lässt sich wiederum in drei Hauptgruppen teilen: Die theoretische Linguistik beschäftigt sich mit theoretischen Ansätzen zur Beschreibung der Laute, des Wortschatzes und der Grammatik der englischen Sprache. Die historische Sprachwissenschaft erforscht ältere Sprachformen wie Alt- und Mittelenglisch. Sie zeichnet die Entwicklung der englischen Sprache nach, aber erforscht auch die Entstehung und Gestaltung von Sprachen jenseits der englischen Hauptsprache. Damit sind die Dialekte in den ehemaligen Kolonien gemeint, die sich, auf dem Englischen aufbauend, in eigene Richtungen entwickelt haben. Die dritte dieser Hauptgruppen ist die angewandte Sprachwissenschaft, die sich mit dem Lernen und Lehren des Englischen als Fremdsprache beschäftigt. Teilgebiete sind beispielweise die Lexikographie oder die Übersetzungswissenschaft.

Englische Literaturwissenschaft: Hauptaugenmerk liegt hier auf der historischen Entwicklung englischsprachiger Literaturen, wobei neben der Literatur Großbritanniens in jüngerer Zeit auch die Literatur anderer englischsprachiger Länder wie etwa Irland, Australien, Neuseeland oder Indien Beachtung findet. Einzelne Texte werden unter Einbeziehung historischer Aspekte analysiert und interpretiert. Die Literaturtheorie betrachtet Literatur systematisch mit ihren Entstehungs-, Vermittlungs- und Rezeptionsbedingungen und verschiedenen Methoden der Analyse.

Amerikanische Literaturwissenschaft: Sie beschäftigt sich überwiegend mit den Literaturen des nordamerikanischen Raums, also der USA, Kanadas und der Karibik, ist dabei jedoch etwas stärker kulturkundlich ausgerichtet als die Anglistik. Schwerpunkte sind die Erforschung der geschichtlichen Entwicklung amerikanischsprachiger Literaturen, die systematische Abgrenzung ethnisch zusammenhängender und eigenständiger Literaturen bestimmter Bevölkerungsgruppen und Subkulturen in den USA. Daneben die Analyse und Interpretation der Texte unter Einbeziehung ethnischer, kulturgeschichtlicher und ideengeschichtlicher Aspekte und die Literaturtheorie als systematische Betrachtung von Literatur, ihren Entstehungs-, Vermittlungs- und Rezeptionsbedingungen sowie der verschiedenen Methoden ihrer Analyse.

Landeskunde: Sie soll Verständnis über Kultur und Gesellschaft Großbritanniens und der USA vermitteln. Zentrale Punkte sind die Geschichte, die Philosophie und die Religion des jeweiligen Kulturraums sowie ihre politischen und sozialen Institutionen. Abgerundet wird dieses Teilgebiet mit dem Wissen über Musik, Kunst, Recht und Bildungswesen dieser Länder und der englischsprachigen Welt insgesamt.

Fachdidaktik (nur für Lehramtsstudierende): Hier sollen bereits während des Studiums unterrichtsrelevante Untersuchungsergebnisse und -methoden im Rahmen einer wissenschaftlich reflektierten Berufsvorbereitung erlernt werden. Die Fachdidaktik ist das Bindeglied zwischen der Fachwissenschaft und dem Fachunterricht. Es werden fachwissenschaftliche Erkenntnisse für Lehr- und Lernprozesse vorgestellt und Vermittlungsmöglichkeiten entwickelt.

2.5 Aufbau und Ablauf des Studiums

Alle Magister- und Lehramtsstudiengänge gliedern sich in ein Grundstudium von in der Regel vier Semestern, das mit der Zwischenprüfung abschließt, und ein Hauptstudium, das in der Regel ebenfalls vier Semester dauert. Im neunten Semester wird meist die Abschlussarbeit geschrieben und sich auf die Abschlussprüfung vorbereitet.

Jede Universität hat ihre eigene Studienordnung, sodass es von Hochschule zu Hochschule Unterschiede gibt. Deshalb kann der folgende Studienaufbau nur eine Richtlinie sein, die Interessierten einen Überblick gibt, wie ihr Studium der Anglistik oder Amerikanistik aufgebaut sein könnte.

> **𝗫 Beispiel**
>
> **Grundstudium (1. bis 4. Semester)**
> - *Orientierungsveranstaltung* (diese gibt es nicht überall)
> - *Sprachpraxis* (12–16 SWS) mit Phonetik, Grammatik, Übersetzung, evtl. Wortschatzübung
> - *Sprachwissenschaft* (6–8 SWS) mit einer Einführungsvorlesung und mindestens einem Proseminar
> - *Literaturwissenschaften* (ca. 6–8 SWS) mit einer Einführungsvorlesung und mindestens einem Proseminar
> - *Landeskunde* (2–4 SWS) mit einer Einführungsvorlesung und einer Übung
> - *Einführung in die Bibliotheksnutzung und -arbeit* (oft nicht Pflicht, aber unbedingt empfehlenswert!)
>
> **Zwischenprüfung (zwischen dem 3. und dem 5. Semester)**
> **Hauptstudium (4. bis frühestens 8., meist 10. Semester)**
> - *Wahl der Sprach- oder der Literaturwissenschaft* als Schwerpunkt und Vertiefung des allgemeinen Fachwissens und der sprachlichen Kompetenz
> - *Hauptseminare und Vorlesungen*: Mindestens zwei umfangreiche Hausarbeiten müssen im Rahmen der Hauptseminare über anspruchsvolle sprach- oder literaturwissenschaftliche Themen geschrieben werden.
>
> **Examensvorbereitungen (ab dem 7./8. Semester)**
> - *Kolloquium* für Examenskandidaten
> - *Haupt- und Oberseminare*, vor allem bei den späteren Prüfern
> - *Absprache der Haus- bzw. Magisterarbeit* mit den Prüfern
> - *Schreiben der Arbeit* (meist sechs Monate Zeit)
> - *Absprache der Klausur- und Prüfungsthemen*

2.6 Der Stundenplan

Im letzten Kapitel haben wir gesehen, welche wissenschaftlichen Teilbereiche im Laufe des Studiums abgedeckt werden müssen. Nun stehen bei der Zusammenstellung des Stundenplans aber viele verschiedene Seminare und Übungen zur Auswahl, die sich von Hochschule zu Hochschule unterscheiden. Um eine Vorstellung zu bekommen, wie so ein (Hauptfach-)Stundenplan im Grundstudium konkret aussehen könnte, hier ein Beispiel:

✗ Beispiel

1. Semester

- *Vorlesung:* Einführung in die Analyse und Beschreibung literarischer Texte (LW)
- *Vorlesung:* Der englische Wortschatz: Struktur, Bedeutung, Wortgebrauch (SP)
- *Seminar:* Einführung in die Analyse und Beschreibung literarischer Texte (LW)
- *Übung:* Oral/Aural Skills (SP)
- *Übung:* Academic Study Skills (SP)

Dazu kommen noch etwa 8–10 SWS im zweiten Hauptfach bzw. in den Nebenfächern.

2. Semester

- *Vorlesung:* Einführung in die Sprachwissenschaft (Introduction to Linguistics) (SW)
- *Übung:* Introduction to Linguistics (SW)
- *Übung:* Foundation Grammar (SP)
- *Übung:* Essay Writing (SP)

Dazu kommen noch etwa 8–10 SWS im zweiten Hauptfach bzw. in den Nebenfächern.

3. Semester

- *Vorlesung:* The Background of 17th and 18th Century Literature (LW)
- *Proseminar:* The Study of Linguistic Politeness (SW)
- *Proseminar*: The Anatomy of English Humour: Contemporary TV Comedies (LW)
- *Übung:* Übersetzung Englisch-Deutsch (SP)

Dazu kommen noch etwa 8–10 SWS im zweiten Hauptfach bzw. in den Nebenfächern.

4. Semester

- *Vorlesung:* History of English (SW)
- *Übung:* Language Revision Course (Preparation for the Zwischenprüfung) (SP)
- *Übung:* News of the Week: Current Affairs in Great Britain (LK)
- *Proseminar*: Linguistics, Semiotics and the Mass Media (LW)

Dazu kommen noch etwa 8–10 SWS im zweiten Hauptfach bzw. in den Nebenfächern.

Nach der Zwischenprüfung können je nach den eigenen Interessen so verschiedene Seminare gewählt werden, dass hier ein Beispielstundenplan wenig über den tatsächlichen Verlauf aussagen könnte. Einzelne, relativ spezielle Themen werden in Hauptseminaren und Übungen herausgegriffen und wissenschaftlich untersucht.

Zudem wird das sprachpraktische Wissen vertieft, sodass die Studierenden in der Lage sind – je nachdem, ob sie sich der Sprach- oder der Literaturwissenschaft widmen –, ein Thema in englischer Sprache zu erörtern oder zu analysieren.

2.7 Tätigkeitsfelder und Berufsperspektiven

Die grundsätzliche und wichtigste Aufgabe von Anglisten und Amerikanisten ist die „kulturelle Mittlerfunktion". Das bedeutet, dass Anglisten und Amerikanisten nicht nur „ihre" Fremdsprache beherrschen und anwenden können, sondern schließt auch die Vermittlung von kulturellen Besonderheiten und die Kenntnis der Institutionen des englischsprachigen Kulturkreises mit ein.

Wie auch in der Germanistik entscheiden sich in der Anglistik viele für ein Lehramtsstudium. Andere streben eine wissenschaftliche Karriere an der Hochschule an. Der größte Teil derer, die Anglistik oder Amerikanistik „auf Magister" studieren, sucht sich nach dem Abschluss eine Arbeit in der freien Wirtschaft. Wie bei allen geisteswissenschaftlichen Studiengängen ist das Studium der Anglistik oder Amerikanistik allein keine Ausbildung, die auf einen speziellen Beruf zielt. Den Absolventen steht eine Vielzahl an Möglichkeiten offen, die aber jede für sich oft mit zusätzlichen Qualifikationen, die über das fachliche hinausgehen, verbunden sind. Deshalb ist es wichtig, sich so früh wie möglich im Studium Gedanken zu machen, in welche Richtung die berufliche Laufbahn gehen soll, und parallel zum Studium – etwa in den Semesterferien – Praktika zu absolvieren. Nun aber zu den konkreten Berufsfeldern, in denen Anglisten und Amerikanisten arbeiten.

Häufig finden Anglisten Anstellungen in Verlagen, als Lektoren, aber auch im journalistischen Bereich, wo Sprachkenntnisse und ein Verständnis des englischen oder amerikanischen Kulturraums von Bedeutung sind, beispielsweise als Auslandskorrespondenten. Des Weiteren arbeiten sie im Bereich Dokumentation und Textredaktion (das heißt die Verbesserung der Verständlichkeit von Gesetzestexten, technischen Texten, Gebrauchsanweisungen und Ähnlichem nach wissenschaftlichen Kriterien). Auch die Erwachsenenbildung ist ein Bereich, in dem Anglisten gefragt sind. Viele große Firmen bieten ihren Mitarbeitern Sprachkurse an. Für diesen Aufgabenbereich ist ein fundiertes Wissen in Wirtschaftsenglisch wichtig.

Im kulturellen Bereich übernehmen Anglisten und Amerikanisten etwa die Betreuung von Städtepartnerschaften und die Pflege des (inter)nationalen Kulturaustauschs oder generell von internationalen Beziehungen. Sie arbeiten bei Verbänden und Stiftungen wie auch bei internationalen Organisationen. Auch eine Laufbahn im diplomatischen Dienst ist möglich. Die Touristikbranche bietet ebenfalls Stellen für Anglisten und Amerikanisten an. Sei es in der Organisation vor Ort oder bei der Planung und Vorbereitung. Ein weiterer Bereich ist die Arbeit als Übersetzer, häufig in Verlagen für literarische Werke.

Auch in der Wirtschaft werden Sprachwissenschaftler zunehmend eingestellt. Absolventen finden hier – je nach Spezialisierung und Zusatzqualifikationen – Anstellungen in so unterschiedlichen Bereichen wie Unternehmens- und Organisationsberatung, Personalwesen, Marketing, Vertrieb, Versicherungswesen, Projekt- und Produktmanagement, Veranstaltungswesen und Multimedia. Also überall, wo sie ihre geisteswissenschaftlichen Fertigkeiten – etwa bei der Erschließung von Texten oder der Strukturierung der verschiedensten Inhalte –, kombiniert mit ihren Fähigkeiten in der Fremdsprache, anwenden können.

2.8 Das Studienangebot an deutschen Hochschulen

Anglistik

Studienort	Studiengang/-fach	Abschluss	Anmerkung
TU Aachen	Anglistische Literatur-wissenschaft	Magister	Studienbeginn WS empfohlen
	Anglistische Sprach-wissenschaft	Magister	
	Englisch	Lehramt an Berufskollegs	Studienbeginn WS empfohlen
	Englisch	Lehramt an Gymnasien und Gesamtschulen	Studienbeginn WS empfohlen
U Augsburg	Angewandte Sprach-wissenschaft (Anglistik)	Magister	
	Didaktik des Englischen	Magister	
	Englisch	Lehramt an Grundschulen	
	Englisch	Lehramt an Gymnasien	
	Englisch	Lehramt an Hauptschulen	
	Englisch	Lehramt an Realschulen	
	Englische Literatur-wissenschaft	Magister	
	Englische Sprach-wissenschaft	Magister	

Studienort	Studiengang/-fach	Abschluss	Anmerkung
U Bamberg	Anglistik	Magister	
	Englisch	Lehramt an beruflichen Schulen	
	Englisch	Lehramt an Grundschulen	
	Englisch	Lehramt an Gymnasien	
	Englisch	Lehramt an Hauptschulen	
	Englisch	Lehramt an Realschulen	
U Bayreuth	Anglistik	Bachelor/Magister	
	Intercultural Anglophone Studies	Master of Arts	
U Berlin	Englisch	Amt des Lehrers	
	Englisch	Amt des Lehrers an Sonderschulen/für Sonderpädagogik	nur Zweitfach/ zweites Hauptfach
	Englisch	Amt des Lehrers mit fachwissenschaftl. Ausbildung in zwei Fächern	
	Englisch	Studienrat	
	Englisch	Studienrat mit einer beruflichen Fachrichtung	nur Zweitfach/ zweites Hauptfach
	Englisch	Studienrat mit Erstfach Bildende Kunst oder Musik	nur Zweitfach/ zweites Hauptfach
	Englische Philologie	Magister	
HU Berlin	Anglistik	Magister	nur Nebenfach
	Englisch	Amt des Lehrers	
	Englisch	Amt des Lehrers an Sonderschulen/für Sonderpädagogik	nur Zweitfach/ zweites Hauptfach
	Englisch	Amt des Lehrers mit fachwissenschaftl. Ausbildung in zwei Fächern	
	Englisch	Studienrat	
	Englisch	Studienrat mit einer beruflichen Fachrichtung	nur Zweitfach/ zweites Hauptfach
	Englisch	Studienrat mit Erstfach Bildende Kunst oder Musik	nur Zweitfach/ zweites Hauptfach
U Bielefeld	Anglistik	Bachelor/Master	
	Englisch	Bachelor/Master – Lehramt an Grund-, Haupt- und	Modellversuch gestufte Lehr-

Studienort	Studiengang/-fach	Abschluss	Anmerkung
U Bielefeld		Realschulen	amtsausbildung
	Englisch	Bachelor/Master – Lehramt an Gymnasien/ Gesamtschulen	Modellversuch gestufte Lehr amtsausbildung
U Bochum	Englisch	Bachelor/Master – Lehramt an Berufskollegs	Modellversuch gestufte Lehr amtsausbildung
	Englisch	Bachelor/Master – Lehramt an Gymnasien/ Gesamtschulen	Modellversuch gestufte Lehr amtsausbildung
U Bonn	Anglistik, Englische Sprache und mittelalterliche Literatur	Magister	
	Anglistik, Neuere englische Literatur	Magister	
TU Braunschweig	Englisch	Lehramt an Grund-, Haupt- und Realschulen	
	Englisch	Lehramt an Gymnasien	
U Bremen	Englisch	Lehramt für die Sekundarstufe I	
	Englisch	Lehramt für die Sekundarstufe II	
TU Chemnitz	Englische Literatur- und Kulturwissenschaft	Magister	nur Nebenfach
	Englische Sprachwissenschaft	Magister	nur Nebenfach
TU Darmstadt	Anglistik	Magister	nur Nebenfach
	Englisch	Lehramt an beruflichen Schulen	
U Dortmund	Englisch	Lehramt an Berufskollegs	
	Englisch	Lehramt an Grund-, Haupt- und Realschulen und den entsprechenden Jahrgangsstufen der Gesamtschulen, Schwerpunkt Grundschule	
	Englisch	Lehramt an Grund-, Haupt- und Realschulen und den entsprechenden Jahrgangsstufen der Gesamtschulen, Schwerpunkt Haupt-, Real- und Gesamtschule	

Studienort	Studiengang/-fach	Abschluss	Anmerkung
U Dortmund	Englisch	Lehramt an Gymnasien und Gesamtschulen	
	Englisch	Lehramt für Sonderpädagogik	
TU Dresden	Anglistik (Literaturwissenschaft)	Magister	Einstufungstest
	Anglistik (Sprachwissenschaft)	Magister	Einstufungstest
	Englisch	Lehramt an berufsbildenden Schulen	Einstufungstest
	Englisch	Lehramt an Gymnasien	Einstufungstest
	Englisch	Lehramt an Mittelschulen	Einstufungstest
U Duisburg	Anglistik	Magister	
	Anglistik/Linguistik	Magister	nur Nebenfach
	Anglistik/Literaturwissenschaft	Magister	nur Nebenfach
	Englisch	Lehramt an Berufskollegs	
	Englisch	Lehramt an Gymnasien und Gesamtschulen	
U Düsseldorf	Ältere Anglistik	Magister	
	Anglistik	Bachelor	
	Neuere Anglistik/ Amerikanistik	Magister	
U Eichstätt/ Ingolstadt	Anglistik	Magister	
	Englisch	Lehramt an Grundschulen	
	Englisch	Lehramt an Gymnasien	
	Englisch	Lehramt an Hauptschulen	
	Englisch	Lehramt an Realschulen	
U Erfurt	Englisch	Lehramt an berufsbildenden Schulen	nur Zweitfach
	Englisch	Lehramt an Grundschulen	
	Englisch	Lehramt an Regelschulen	
U Erlangen	Anglistik	Bachelor/Magister	Linguistik; Literaturwissenschaft
	Anglistik/Amerikanistik: Kulturwissenschaft	Bachelor/Magister	
	Englisch	Lehramt an beruflichen Schulen	Zweitfach
	Englisch	Lehramt an Gymnasien	
	Englisch	Lehramt an Realschulen	
U Essen	Anglistik	Magister	

Studienort	Studiengang/-fach	Abschluss	Anmerkung
U Essen	Englisch	Lehramt an Berufskollegs	
	Englisch	Lehramt an Grund-, Haupt- und Realschulen und den entsprechenden Jahrgangsstufen der Gesamtschulen, Schwerpunkt Haupt-, Real- und Gesamtschule	
	Englisch	Lehramt an Gymnasien und Gesamtschulen	
U Flensburg	Englisch	Lehramt an berufsbildenden Schulen	
	Englisch	Lehramt an Grund- und Hauptschulen	
	Englisch	Lehramt an Realschulen	
U Frankfurt a. M.	Anglistik	Magister	
	Englisch	Lehramt an Grundschulen	
	Englisch	Lehramt an Gymnasien	
	Englisch	Lehramt an Haupt- und Realschulen	
	Englisch	Lehramt an Sonderschulen	
U Freiburg	Englisch	Lehramt an Gymnasien	
	Englische Philologie	Baccalaureus/Bachelor	
	Englische Philologie	Magister	auch Teilzeitstudium für bestimmte Personengruppen
PH Freiburg	Englisch	Lehramt an Grund- und Hauptschulen	auch „Europa-Lehramt" möglich
	Englisch	Lehramt an Realschulen	auch „Europa-Lehramt" möglich
U Gießen	Anglistik	Diplom	
	Englisch	Lehramt an Grundschulen	
	Englisch	Lehramt an Gymnasien	
	Englisch	Lehramt an Haupt- und Realschulen	
	Englisch	Lehramt an Sonderschulen	
	Englische Sprachwissenschaft und Literatur des Mittelalters	Magister	
	Neuere englische und amerikanische Literatur	Magister	

Studienort	Studiengang/-fach	Abschluss	Anmerkung
U Göttingen	Englisch	Lehramt an berufsbilden-den Schulen	
	Englisch	Lehramt an Gymnasien	
	Englische Philologie	Magister	
U Greifswald	Anglistik	Magister	nur Nebenfach
	Englisch	Lehramt an Gymnasien	auch Modell-versuch „Master of Education" nach vor-angegangenem Bachelor-Stu-dium
	Englisch	Lehramt an Haupt- und Realschulen	auch Modell-versuch „Master of Education" nach vor-angegangenem Bachelor-Stu-dium
	Englische Literatur-wissenschaft	Magister	nur Nebenfach
	Englische Sprach-wissenschaft	Magister	nur Nebenfach
U Halle	Anglistik	Diplom	
	Englisch	Lehramt an Gymnasien	
	Englisch	Lehramt an Sekundar-schulen	
U Hamburg	Britische Literatur und Kultur	Magister	nur Nebenfach
	Englisch	Lehramt an der Grund- und Mittelstufe	
	Englisch	Lehramt an der Oberstufe – allgemein bildende Schulen	
	Englisch	Lehramt an der Oberstufe – berufliche Schulen	
	Englisch	Lehramt an Sonderschulen	
	Englische Sprache	Magister	nur Nebenfach
	Englische Sprache, Literatur und Kultur	Bakkalaureat/Magister	
U Hannover	Anglistik	Magister	
	Englisch	Lehramt an berufsbilden-den Schulen	
	Englisch	Lehramt an Grund-, Haupt- und Realschulen	

Studienort	Studiengang/-fach	Abschluss	Anmerkung
U Hannover	Englisch	Lehramt an Gymnasien	
	Englisch	Lehramt für Sonderpädagogik	
PH Heidelberg	Englisch	Lehramt an Grund- und Hauptschulen	
	Englisch	Lehramt an Realschulen	
U Heidelberg	Englisch	Lehramt an Gymnasien	
	Englische Philologie	Magister	
	Englische Philologie (Literaturwissenschaft)	Magister	nur Nebenfach
	Englische Philologie (Sprachwissenschaft)	Magister	nur Nebenfach
U Hildesheim	Englisch	Lehramt an Grund-, Haupt- und Realschulen	
U Jena	Anglistik/Amerikanistik Schwerpunkt Anglistische Literaturwissenschaft	Magister	
	Anglistik/Amerikanistik Schwerpunkt Anglistische Mediävistik	Magister	
	Anglistik/Amerikanistik Schwerpunkt Anglistische Sprachwissenschaft	Magister	
	Englisch	Lehramt an Gymnasien	
	Englisch	Lehramt an Regelschulen	
PH Karlsruhe	Englisch	Lehramt an Grund- und Hauptschulen	auch „Europa-Lehramt" möglich
	Englisch	Lehramt an Realschulen	auch „Europa-Lehramt" möglich
U Kassel	Anglistik	Diplom	
	Englisch	Lehramt an Grundschulen	
	Englisch	Lehramt an Gymnasien	
	Englisch	Lehramt an Haupt- und Realschulen	
	Englische Philologie	Magister	
U Kiel	Englisch	Lehramt an Gymnasien	
	Englisch	Lehramt an Realschulen	Zusatzqualifikation Magister möglich
	Englische Philologie	Magister	

Studienort	Studiengang/-fach	Abschluss	Anmerkung
U Koblenz	Anglistik	Bachelor	Kernfach Englisch, Pflichtfach Informatik; akkreditierter internationaler Studiengang
	Anglistik	Magister	
	Englisch	Lehramt an Grund- und Hauptschulen	
	Englisch	Lehramt an Realschulen	
	Englisch	Lehramt an Sonderschulen	
U Köln	Englisch	Lehramt an Grund-, Haupt- und Realschulen und den entsprechenden Jahrgangsstufen der Gesamtschulen, Schwerpunkt Grundschule	
	Englisch	Lehramt an Grund-, Haupt- und Realschulen und den entsprechenden Jahrgangsstufen der Gesamtschulen, Schwerpunkt Haupt-, Real- und Gesamtschule	
	Englisch	Lehramt an Gymnasien und Gesamtschulen	
	Englische Philologie	Magister	
U Konstanz	British and American Studies (BAST)	Bachelor	
	Englisch	Lehramt an Gymnasien	
U Landau	Anglistik	Magister	
	Englisch	Lehramt an Grund- und Hauptschulen	
	Englisch	Lehramt an Realschulen	
	Englisch	Lehramt an Sonderschulen	
U Leipzig	Anglistik	Magister	
	Englisch	Lehramt an Förderschulen	
	Englisch	Lehramt an Grundschulen	
	Englisch	Lehramt an Gymnasien	
	Englisch	Lehramt an Mittelschulen	
PH Ludwigsburg	Englisch	Lehramt an Grund- und Hauptschulen	
	Englisch	Lehramt an Realschulen	
U Lüneburg	Englisch	Lehramt an berufsbildenden Schulen	

Studienort	Studiengang/-fach	Abschluss	Anmerkung
U Lüneburg	Englisch	Lehramt an Grund-, Haupt- und Realschulen	
U Magdeburg	Anglistik	Magister	
	Englisch	Lehramt an Gymnasien	
	Englisch	Lehramt an Sekundar- schulen	
U Mainz	Anglistik	Magister	auch deutsch- französisches Studienpro- gramm mit Doppelab- schluss
	Englisch	Lehramt an Gymnasien	auch deutsch- französisches Studienpro- gramm mit Doppelab- schluss
	Englische Sprach- wissenschaft	Magister	auch deutsch- französisches Studienpro- gramm mit Doppelab- schluss
U Mannheim	Anglistik	Diplom	mit wirtschafts- wissenschaft- licher Qualifi- kation
	Anglistik	Magister	
	Englisch	Lehramt an Gymnasien	
	Philologie mit wirt- schaftswiss. Qualifika- tion (Anglistik, Roma- nistik, Slawistik)	Diplom	
U Marburg	Anglistik/Literatur- wissenschaft	Magister	
	Anglistik/Sprachwissen- schaft	Magister	
	Englisch	Lehramt an Gymnasien	
U München	Englisch	Lehramt an beruflichen Schulen	
	Englisch	Lehramt an Grundschulen	
	Englisch	Lehramt an Gymnasien	
	Englisch	Lehramt an Hauptschulen	
	Englisch	Lehramt an Realschulen	

Studienort	Studiengang/-fach	Abschluss	Anmerkung
U München	Englisch	Lehramt an Sonderschulen	nur Erweiterungsprüfung möglich
	Englische Literaturwissenschaft	Magister	
	Englische Sprachwissenschaft und mittelalterliche englische Literatur	Magister	
U Münster	Englisch	Lehramt an Berufskollegs	Modellstudiengang „Kooperative Lehramtsausbildung für das Berufskolleg" in Kooperation mit der FH Münster
	Englisch	Lehramt an Grund-, Haupt- und Realschulen und den entsprechenden Jahrgangsstufen der Gesamtschulen, Schwerpunkt Grundschule	
	Englisch	Lehramt an Grund-, Haupt- und Realschulen und den entsprechenden Jahrgangsstufen der Gesamtschulen, Schwerpunkt Haupt-, Real- und Gesamtschule	
	Englisch	Lehramt an Gymnasien und Gesamtschulen	
	Englische Philologie	Magister	
U Nürnberg	Englisch	Lehramt an Grundschulen	
	Englisch	Lehramt an Hauptschulen	
U Oldenburg	Anglistik	Magister	
	Englisch	Lehramt an berufsbildenden Schulen	
	Englisch	Lehramt an Grund-, Haupt- und Realschulen	
	Englisch	Lehramt an Gymnasien	
	Englisch	Lehramt für Sonderpädagogik	
U Osnabrück	Anglistik	Magister	
	Englisch	Lehramt an berufsbildenden Schulen	

Studienort	Studiengang/-fach	Abschluss	Anmerkung
U Osnabrück	Englisch	Lehramt an Grund-, Haupt- und Realschulen	
	Englisch	Lehramt an Gymnasien	
U Paderborn	Englisch	Lehramt an Berufskollegs	
	Englisch	Lehramt an Grund-, Haupt- und Realschulen und den entsprechenden Jahrgangs- stufen der Gesamtschulen, Schwerpunkt Grundschule	
	Englisch	Lehramt an Grund-, Haupt- und Realschulen und den entsprechenden Jahrgangs- stufen der Gesamtschulen, Schwerpunkt Haupt-, Real- und Gesamtschule	
	Englisch	Lehramt an Gymnasien und Gesamtschulen	
U Passau	Didaktik des Englischen	Magister	
	Englisch	Lehramt an Grundschulen	
	Englisch	Lehramt an Gymnasien	
	Englisch	Lehramt an Hauptschulen	
	Englisch	Lehramt an Realschulen	
	Englische Kulturwissen- schaft	Magister	
	Englische Literatur- wissenschaft	Magister	
	Englische Sprachwissen- schaft	Magister	
U Potsdam	Anglistik und Amerikanistik	Magister	Literatur und Kultur oder Sprache und Kultur
	Englisch	Lehramt an Gymnasien	
	Englisch	Lehramt Sekundarstufe I und Primarstufe	
U Regensburg	Englisch	Lehramt an Grundschulen	
	Englisch	Lehramt an Gymnasien	
	Englisch	Lehramt an Hauptschulen	
	Englisch	Lehramt an Realschulen	
	Englische Philologie	Bachelor/Magister	
U Rostock	Englisch	Lehramt an beruflichen Schulen	
	Englisch	Lehramt an Grund- und Hauptschulen	

Studienort	Studiengang/-fach	Abschluss	Anmerkung
U Rostock	Englisch	Lehramt an Gymnasien	
	Englisch	Lehramt an Haupt- und Realschulen	
	Englisch	Lehramt für Sonderpädagogik	
U Saarbrücken	Anglistik	Magister	auch Amerikanistik und Anglophone Kulturen
	Anglistik, Amerikanistik und Anglophone Kulturen	Lehramt an beruflichen Schulen	
	Anglistik, Amerikanistik und Anglophone Kulturen	Lehramt an Gymnasien und Gesamtschulen (Klassenstufen 5 bis 13)	
	Anglistik, Amerikanistik und Anglophone Kulturen	Lehramt an Hauptschulen und Gesamtschulen	
	Anglistik, Amerikanistik und Anglophone Kulturen	Lehramt an Realschulen und Gesamtschulen	
PH Schwäbisch Gmünd	Englisch	Lehramt an Grund- und Hauptschulen	
	Englisch	Lehramt an Realschulen	
U Siegen	Angewandte Fremdsprachen	Bachelor	deutsch-französischer Studiengang mit Doppeldiplom
	Englisch	Lehramt an Berufskollegs	
	Englisch	Lehramt an Grund-, Haupt- und Realschulen und den entsprechenden Jahrgangsstufen der Gesamtschulen, Schwerpunkt Grundschule	
	Englisch	Lehramt an Grund-, Haupt- und Realschulen und den entsprechenden Jahrgangsstufen der Gesamtschulen, Schwerpunkt Haupt-, Real- und Gesamtschule	
	Englisch	Lehramt an Gymnasien und Gesamtschulen	
	Englische Literaturwissenschaft	Magister	
	Sprachwissenschaft des Englischen	Magister	

Studienort	Studiengang/-fach	Abschluss	Anmerkung
U Stuttgart	Anglistik	Bachelor	
	Anglistik	Magister	
	Englisch	Lehramt an Gymnasien	
U Trier	Anglistik	Magister	
	Englisch	Lehramt an Gymnasien	
	Englisch	Lehramt an Realschulen	
U Tübingen	Englisch	Lehramt an Gymnasien	
	Englische Sprache und Literatur des Mittelalters	Magister	
	Linguistik des Englischen	Magister	
	Neuere englische Literatur	Magister	
U Vechta	Anglistik	Magister	nur Nebenfach
	Englisch	Lehramt an Grund-, Haupt- und Realschulen	
PH Weingarten	Englisch	Lehramt an Grund- und Hauptschulen	
	Englisch	Lehramt an Realschulen	
U Wuppertal	Englisch	Lehramt an Berufskollegs	
	Englisch	Lehramt an Grund-, Haupt- und Realschulen und den entsprechenden Jahrgangs- stufen der Gesamtschulen, Schwerpunkt Grundschule	
	Englisch	Lehramt an Grund-, Haupt- und Realschulen und den entsprechenden Jahrgangs- stufen der Gesamtschulen, Schwerpunkt Haupt-, Real- und Gesamtschule	
	Englisch	Lehramt an Gymnasien und Gesamtschulen	
	Linguistik des Englischen	Magister	nur Nebenfach
	Literaturgeschichte Englands	Magister	nur Nebenfach oder Schwer- punkt im Hauptfach
	Sprachwissenschaft des Englischen	Magister	nur Nebenfach oder Schwer- punkt im Hauptfach
U Würzburg	Englisch	Lehramt an Grundschulen	
	Englisch	Lehramt an Gymnasien	
	Englisch	Lehramt an Hauptschulen	

Studienort	Studiengang/-fach	Abschluss	Anmerkung
U Würzburg	Englisch	Lehramt an Realschulen	
	Englisch	Lehramt an Sonderschulen	nur Erweiterungsprüfung möglich
	Englische Literaturwissenschaft	Magister	
	Englische Sprachwissenschaft	Magister	
	Kulturwissenschaft der engl.-sprachigen Länder	Magister	
Stand: 2002/2003;　Quelle: Studien- und Berufswahl			

Amerikanistik

Studienort	Studiengang/-fach	Abschluss	Anmerkung
U Augsburg	Amerikanistik	Magister	
FU Berlin	Altamerikanistik	Magister	
	Nordamerikastudien	Magister	
HU Berlin	Amerikanistik	Bachelor	
	Amerikanistik	Magister	nur 2. Haupt- oder Nebenfach
	Anglistik/Amerikanistik	Magister	
U Bochum	Anglistik/Amerikanistik	Bachelor/Master	
U Bonn	Anglistik, Amerikanische Sprache und Literatur	Magister	
	Regionalwissenschaften Nordamerika	Magister	nur Erstfach
TU Braunschweig	Anglistik/Amerikanistik	Magister	nur Nebenfach
U Bremen	Anglistik/Amerikanistik	Magister	
TU Chemnitz	Amerikanische Literatur- und Kulturwissenschaft	Magister	nur Nebenfach
	Anglistik/Amerikanistik	Magister	
TU Dresden	Amerikanistik	Magister	Einstufungstest
U Duisburg	Amerikanistik	Magister	nur Nebenfach
U Düsseldorf	Neuere Anglistik/ Amerikanistik	Magister	
U Eichstätt	Amerikanistik	Magister	
U Erlangen	Amerikanistik: Literaturwissenschaft	Bachelor/Magister	
	Anglistik/Amerikanistik: Kulturwissenschaft	Bachelor/Magister	

Studienort	Studiengang/-fach	Abschluss	Anmerkung
U Frankfurt a. M.	Amerikanistik	Magister	
U Gießen	Neuere englische und amerikanische Literatur	Magister	
U Greifswald	Amerikanistik	Magister	nur Nebenfach
	Anglistik/Amerikanistik	Bachelor/Magister	akkreditierter Studiengang; Magister nur Hauptfach
U Halle	Amerikanistik	Diplom	
	Anglistik/Amerikanistik	Magister	
U Hamburg	Literatur und Kultur Nordamerikas	Magister	nur Nebenfach
	Mesoamerikanistik	Magister/Bakkalaureat	
U Jena	Anglistik/Amerikanistik	Magister	
	Anglistik/Amerikanistik Schwerpunkt Amerikanische Literaturwissenschaft	Magister	
	Anglistik/Amerikanistik Schwerpunkt Anglistische Literaturwissenschaft	Magister	
	Anglistik/Amerikanistik Schwerpunkt Anglistische Mediävistik	Magister	
	Anglistik/Amerikanistik Schwerpunkt Anglistische Sprachwissenschaft	Magister	
U Kassel	Amerikanistik	Diplom	
U Konstanz	British and American Studies (BAST)	Bachelor	
U Leipzig	Amerikanistik	Magister	
U Mainz	Amerikanistik	Magister	auch deutsch-französisches Studienprogramm mit Doppelabschluss
U Mannheim	Anglistik/Amerikanistik	Bachelor	
U Marburg	Amerikanistik	Magister	
U München	Amerikanische Kulturgeschichte	Magister	
	Amerikanische Literaturgeschichte	Magister	

Studienort	Studiengang/-fach	Abschluss	Anmerkung
U Passau	Amerikanistik	Magister	
U Potsdam	Anglistik und Amerikanistik	Magister	Literatur und Kultur oder Sprache und Kultur
U Rostock	Anglistik/Amerikanistik	Bakkalaureus/Magister	
U Saarbrücken	Anglistik, Amerikanistik und Anglophone Kulturen	Lehramt an beruflichen Schulen	
	Anglistik, Amerikanistik und Anglophone Kulturen	Lehramt an Gymnasien/ Gesamtschulen (Klassenstufen 5 bis 13)	
	Anglistik, Amerikanistik und Anglophone Kulturen	Lehramt an Hauptschulen und Gesamtschulen	
	Anglistik, Amerikanistik und Anglophone Kulturen	Lehramt an Realschulen und Gesamtschulen	
U Siegen	Amerikanische Literaturwissenschaft	Magister	
U Tübingen	Amerikanistik	Magister	
	Anglistik/Amerikanistik	Bachelor/Master	
U Wuppertal	Anglistik/Amerikanistik	Magister	
	Literaturgeschichte der Vereinigten Staaten	Magister	nur Nebenfach oder Schwerpunkt im Hauptfach
U Würzburg	Amerikanische Literaturwissenschaft	Magister	
	Kulturwissenschaft der englischsprachigen Länder	Magister	
Quelle: Studien- und Berufswahl			

3 Romanistik

3.1 Romanistik – was ist das?

Die Romanistik befasst sich mit der Erforschung und wissenschaftlichen Darstellung der Sprachen und Literaturen der romanischen Welt. Und die schließt eine ganze Menge Sprachen mit ein. Romanistik – oder auch Romanistische Philologie –

ist also der Oberbegriff für die Sprach- und Literaturwissenschaft, die sich mit jeweils einer Sprache beschäftigt, die sich aus dem Lateinischen entwickelt hat.

Die alten Römer haben vor über 2000 Jahren fast ganz Europa besetzt und in dieser Zeit einen kulturellen Einfluss auf ihr gesamtes Imperium ausgeübt. Und dieser Einfluss ist natürlich auch an der Sprache der dort lebenden Bevölkerung nicht spurlos vorübergegangen. Aber da die Menschen dort natürlich auch vorher schon eine eigene Sprache besaßen, hat sich über die Jahrhunderte in jedem Land die Sprache anders entwickelt. Gemein ist diesen Sprachen die Basis des Lateinischen. Abhängig von ihrer Entfernung zu Rom, dem Maß der Autonomie des Gebiets und der Dauer der Besetzung durch die Römer war der Einfluss des Lateinischen auf manche Sprachen stärker und auf andere schwächer. Das, was von der ursprünglichen Sprache des Landes über die Jahrhunderte übrig geblieben ist, wird in der Sprachwissenschaft übrigens „Substrat" genannt.

In der zweiten großen Kolonialisierung nach den Römern durch die seefahrenden Spanier und Portugiesen hat sich die Geschichte wiederholt. Sie haben ihre Sprache und Kultur nach Südamerika gebracht, das deshalb häufig auch Lateinamerika genannt wird. Daneben werden auch in Kanada und in Nord- und Ostafrika heute romanische Sprachen gesprochen. Entlang der Handels-, Sklaven- und Seewege haben die Eroberer ihr sprachliches Erbe hinterlassen. Etwa von Afrika nach Amerika (Kreolensprachen) oder im asiatischen Raum.

Nun aber zur wesentlichen Frage: Welche modernen Sprachen werden zu den Romanischen gezählt und wie kann man sie studieren? Man unterscheidet sie vor allem anhand ihrer geographischen Lage, aber auch aufgrund ihrer linguistischen Merkmale in westromanische und ostromanische Sprachen.

Westromanische Sprachen	Ostromanische Sprachen
■ Galloromanische Sprachen: Französisch, Okzitanisch und norditalienische Dialekte wie Piemontisch ■ Alpenromanische Sprachen: Rätoromanisch und Friaulisch ■ Iberoromanische Sprachen: Spanisch, Katalanisch, Portugiesisch, Galizisch	■ Italoromanische Sprachen: Italienisch einschließlich der mittel- und süditalienischen Dialekte wie Sardisch und Korsisch ■ Balkanromanische Sprachen: Rumänisch und rumänische Dialekte wie Moldauisch und Dalmatisch

Wer jetzt von der Fülle der Sprachen überrascht ist, sei beruhigt: Studiert wird immer nur eine der Sprachen pro Haupt- oder Nebenfach. An den meisten Universitäten, die ein Romanistikstudium anbieten, sind das:

Galloromanische Philologien mit dem Schwerpunkt auf dem Französischen (Okzitanisch, das im südlichen Drittel Frankreichs, in einigen Tälern des Piemonts und in Katalonien gesprochen wird, und die norditalienischen Dialekte kommen in der Regel nur am Rande vor).

Italoromanische Philologien mit dem Schwerpunkt auf dem Italienischen (Sardisch oder Rumänisch nehmen hier nur eine Randstellung ein).

Iberoromanische Philologien, wobei man hier zwischen den Schwerpunkten Spanisch und Portugiesisch wählen muss (die anderen Sprachen wie Katalanisch werden nur sehr selten als Schwerpunkt angeboten).

Studiert man die Fächer auf Lehramt, heißen sie nicht mehr Galloromanische Philologie, sondern schlicht Französisch, nicht mehr Italoromanische Philologie, sondern Italienisch usw.

3.2 Warum Romanistik studieren?

Romanisten beschäftigen sich mit jenen Sprachen, die sich aus dem Lateinischen entwickelt haben. Das Erlernen und Beherrschen der Sprache stellt dabei nicht den Mittelpunkt des Studiums dar, sondern ist vielmehr nur die Voraussetzung, um sich mit den Literaturen und der Entwicklung der Sprachen auseinander zu setzen. Wer später als Übersetzer oder Dolmetscher arbeiten will und wer keinen Spaß an der Beschäftigung mit Büchern hat, ist in der romanistischen Philologie vielleicht nicht richtig aufgehoben.

Wer aber nachverfolgen will, wie eine Sprache entstanden ist, was ihre Wurzeln sind und wie sich Grammatik und Wortschatz über die Jahrhunderte entwickelt haben, für den ist die Romanistik die ideale Wahl. Denn hier lässt sich belegen und nachvollziehen, wie aus dem Lateinischen Französisch, Spanisch oder Portugiesisch entstanden sind. Daneben ist aber auch ein großes Interesse an der Kultur des Landes wichtig. Gerade das kulturelle Verständnis, das Romanisten in ihrem Studium erlangen, macht sie für viele Berufsfelder interessant.

3.3 Zulassung und Abschlüsse

Wie für alle Studiengänge an Universitäten ist auch hier das Abitur die wichtigste formale Voraussetzung fürs Studium. Eine gute Note ist weniger wichtig, da es an den meisten Hochschulen keinen Numerus clausus auf die romanistischen Studiengänge gibt; an einigen gibt es ein hochschulinternes Auswahlverfahren für Studienbewerber. Hier entscheiden die Hochschulen selbst, nach welchen Kriterien (Abiturnote, Wartesemester, Auswahltest) sie ihre Studenten aussuchen. Ob es an der jeweiligen Uni ein Auswahlverfahren gibt, erfährt man in der dortigen Studienberatung. Hiernach sollte man sich früh genug (spätestens im Juni für das Sommersemester und im Dezember für das Wintersemester) erkundigen, da in diesen Fällen die Bewerbungsfristen früher liegen als an Hochschulen ohne Auswahlverfahren, bei denen man sich einfach zu den allgemeinen Terminen einschreiben kann.

In der Regel wird von Magister- und Lehramtsstudierenden ein Latinum erwartet. Manchmal reichen auch die so genannten Lateinkenntnisse, die in drei aufeinander folgenden Schuljahren erworben werden konnten. Gerade für das Studium der romanistischen Philologie macht die Kenntnis der lateinischen Sprache besonders viel Sinn: Nur wer die Basis kennt, kann auch die Entwicklung der Sprachen erkennen. Ob man sein Latein bereits bis zur Zwischenprüfung vorweisen muss oder erst zur Abschlussprüfung, ist an jeder Uni anders geregelt.

In der galloromanischen Philologie, die an manchen Hochschulen auch französische Sprach- und Literaturwissenschaft genannt wird, müssen die Studienanfänger bereits ausreichende Französischkenntnisse mitbringen. In den anderen Fächern, wie etwa Spanisch oder Italienisch, ist es möglich, die Sprache auch erst während des Studiums zu lernen. Alle Hochschulen bieten dazu die entsprechenden Kurse für Anfänger und Fortgeschrittene an.

Es besteht die Möglichkeit, Französisch, seltener Spanisch und Italienisch auf Lehramt zu studieren, doch die meisten entscheiden sich für ein Magisterstudium der Romanistik. Im Rahmen dessen muss entweder ein weiteres Hauptfach oder müssen zwei Nebenfächer gewählt werden. Diese können ebenfalls aus dem Bereich der Sprachen kommen, müssen es aber nicht.

Seltener gibt es auch die Möglichkeit, Romanistik auf Diplom zu studieren. Der Unterschied liegt dann vor allem darin, dass sich der Studiengang hauptsächlich auf das gewählte Fach beschränkt und zusätzliche Fächer nur zur Ergänzung dieses Hauptfachs vorkommen. Der Unterricht ist bei Diplomstudiengängen auch „verschulter", das heißt, dass die Studierenden in der Regel einen relativ fest vorgeschriebenen Stundenplan bekommen und nicht die Wahlmöglichkeiten haben, wie sie in Magisterstudiengängen gegeben sind. Des Weiteren sind Diplomstudiengänge mehr auf die wirtschaftliche Verwertbarkeit des Wissens und weniger auf die wissenschaftliche Beschäftigung mit dem Fach ausgerichtet.

Einige Hochschulen bieten interdisziplinäre Studiengänge an, die meistens auch mit einem Diplom enden. So gibt es beispielsweise in Kassel die Möglichkeit, Wirtschaftsromanistik (mit dem Schwerpunkt Französisch), Wirtschaftsitalianistik oder Wirtschaftshispanistik zu studieren. Diese Studiengänge beinhalten zur einen Hälfte philologische und zur anderen wirtschaftliche Fächer. Ähnlich sind die Diplomstudiengänge für neue Sprachen in Gießen organisiert. Hier wählt man eine Sprache als Hauptfach, eine weitere als Nebenfach und ein Sachfach aus dem wirtschaftlichen Gebiet.

Im Zuge der Studienreform führen nun viele Universitäten auch in den Sprachwissenschaften Bachelor- und Masterabschlüsse ein. Hier ist im Moment viel in Bewegung, sodass davon auszugehen ist, dass viele Hochschulen diesem Beispiel folgen werden. Der dreijährige Bachelorstudiengang kombiniert meist die wissenschaftliche Beschäftigung mit der jeweiligen Sprache mit wirtschaftlichen Elementen. Wie im Diplomstudiengang ist auch im Bachelorstudiengang ein viel engerer Rahmen vorgegeben, welche Vorlesungen und Kurse in welchem Semester besucht werden müssen. Ziel ist es, Studierende schneller und praxisnäher auf ihr Berufsleben vorzubereiten.

> **✔ Mögliche Studienabschlüsse**
>
> - Diplom
> - Magister Artium
> - Lehramt an Hauptschulen und Realschulen (nur Französisch)
> - Lehramt an Gymnasien (Französisch, Spanisch, Italienisch)
> - Bachelor
> - Master

3.4 Inhalte des Fachs

Wie im vorherigen Kapitel bereits beschrieben, entscheiden sich die meisten Studierenden der Romanistik für ein Magisterstudium. Deshalb und weil die Diplom- und Bacherlorstudiengänge an den Universitäten so unterschiedlich aufgebaut sind, konzentrieren wir uns im Folgenden auf die Inhalte des klassischen Magisterstudiums der romanistischen Philologie.

Das Studium der gewählten Sprache(n) umfasst in der Regel die Bereiche Literaturwissenschaft, Sprachwissenschaft, Landeskunde/Sozialgeschichte und Sprachpraxis – für Lehramtsstudierende auch die Fachdidaktik. Im Grundstudium erhalten die Studierenden zunächst eine Einführung in die Studiengebiete, erlernen die Fachmethodik und erweitern ihre Sprachkenntnisse. Im Hauptstudium erfolgt eine Vertiefung der Kenntnisse und eine Spezialisierung in einigen Teilgebieten.

Sprachpraxis: Der Erwerb der notwendigen Sprachkenntnisse für die Fächer *Spanisch* und *Italienisch* kann im Rahmen des Studiums selbst erfolgen. Studienanfänger, die bereits Kenntnisse in einer dieser Sprachen mitbringen, machen am Anfang des ersten Semesters einen Einstufungstest und beginnen dann ihre Sprachkurse auf einem höheren Niveau. Für das Fach *Französisch* werden solide Grundkenntnisse (in der Regel mindestens auf dem Niveau des Grundkurses Französisch) vorausgesetzt. Bei deutlich geringeren Vorkenntnissen kann man die Sprachkenntnisse an der Universität (am Sprachenzentrum) erweitern. In diesem Fall muss man jedoch mit einer längeren Studienzeit rechnen. Wer dennoch Französisch studieren will, sollte mit der Fachstudienberatung an der jeweiligen Hochschule sprechen.

Literaturwissenschaft: Sie beinhaltet literaturgeschichtliche, literaturtheoretische und textanalytische Lehrveranstaltungen. Dabei werden die für die Geschichte der Literatur entscheidenden Entstehungs- und Lesebedingungen wichtiger Texte vom Mittelalter bis in die Gegenwart ermittelt. Bei der Analyse literarischer Texte spielen Struktur, form-, gattungs- und epochenspezifische Merkmale sowie der jeweilige kulturelle Kontext eine Rolle. Daneben werden Theorien und Methoden der Literaturwissenschaft erlernt.

Sprachwissenschaft: In der systematischen Sprachwissenschaft liegen die Schwerpunkte auf der Phonologie (Lautlehre mit Fokus auf den einzelnen Lauten) und der Phonetik (Lautlehre mit Fokus auf der akustischen Wahrnehmung), der Morphologie (Formenlehre), der Syntax (Satzlehre) und der Semantik (Bedeutungslehre). Die Sprachgeschichte untersucht die Entwicklung der Sprache, die Soziolinguistik untersucht, welche Formen der Sprache in einem bestimmten sozialen Feld gesprochen werden.

Landeskunde: Sie beschäftigt sich sowohl mit der historischen Entwicklung des jeweiligen Sprachraums als auch mit den sozialen und kulturellen Strukturen und Institutionen der Gegenwart.

3.5 Aufbau und Ablauf des Studiums

Wie alle Magisterstudiengänge ist auch das Studium der Romanistik in zwei Abschnitte geteilt, die in der Theorie jeweils vier Semester dauern – in der Praxis häufig länger. Daran schließt sich ein Semester an, das den Prüfungen und der Anfertigung der Abschlussarbeit gewidmet ist. Und wie bei allen Magisterstudiengängen unterscheiden sich auch hier die Anforderungen und Ausrichtungen von Universität zu Universität. Folgender Ablaufplan ist also nur ein Beispiel, wie das Studium aufgebaut sein könnte.

✗ Beispiel

Grundstudium (1. bis 4. Semester)

- *Orientierungsveranstaltung* (diese gibt es nicht überall)
- *Sprachpraxis* (14–18 SWS) mit Phonetik, Grammatik, Übersetzung, evtl. Wortschatzübung
- *Sprachwissenschaft* (6–8 SWS) mit einer Einführungsvorlesung und mindestens einem Proseminar
- *Literaturwissenschaften* (ca. 6–8 SWS) mit einer Einführungsvorlesung und mindestens einem Proseminar
- *Landeskunde* (2–4 SWS) mit einer Einführungsvorlesung und einer Übung
- *Einführung in die Bibliotheksnutzung und -arbeit* (oft nicht Pflicht, aber unbedingt empfehlenswert!)

Zwischenprüfung (zwischen dem 3. und dem 5. Semester)

Hauptstudium (4. bis frühestens 8., meist 10. Semester)

- *Wahl der Sprach- oder Literaturwissenschaft* als Schwerpunkt und Vertiefung des allgemeinen Fachwissens und der sprachlichen Kompetenz
- *Hauptseminare und Vorlesungen*: Mindestens zwei umfangreiche Hausarbeiten müssen im Rahmen der Hauptseminare über anspruchsvolle sprach- oder literaturwissenschaftliche Themen geschrieben werden.

Examensvorbereitungen (ab dem 7./8. Semester)

- *Kolloquium* für Examenskandidaten
- *Haupt- und Oberseminare*, vor allem bei den späteren Prüfern
- *Absprache der Haus- bzw. Magisterarbeit* mit den Prüfern
- *Schreiben der Arbeit* (meist sechs Monate Zeit)
- *Absprache der Klausur- und Prüfungsthemen*

Im Grundstudium wird die Basis für die vertiefte Auseinandersetzung mit dem Fach im Hauptstudium vorbereitet. Bei Italienisch, Spanisch und Portugiesisch, wo zu Studienbeginn noch keine Sprachkenntnisse vorausgesetzt werden, steht das Erlernen der Sprache im Mittelpunkt des Grundstudiums. Daneben werden Studierende in die Grundbegriffe der Sprach- und der Literaturwissenschaft eingeführt und lernen die wissenschaftlichen Methoden zur Analyse und Interpretation von Texten kennen. Auch für die Beschäftigung mit literarischen Werken sollte man sich genug Zeit nehmen.

Nach der Zwischenprüfung muss man sich für einen Schwerpunkt – entweder Sprach- oder Literaturwissenschaft – entscheiden. Darin sucht man sich Spezialgebiete, die in der Regel in Haupt- und Oberseminaren behandelt werden. Mit diesem hier erlangten Wissen werden die Studierenden in die Lage versetzt, sich ein Thema für ihre Abschlussarbeit auszuwählen und es wissenschaftlich zu bearbeiten.

3.6 Der Stundenplan

Gerade in Romanistik ist es besonders schwierig, eine Empfehlung für einen Stundenplan zu geben, da es ja nicht nur die den Magisterstudiengängen eigenen Unterschiede in den Studienordnungen gibt, sondern auch weil Romanistik nicht nur ein Studiengang ist, sondern je nach Wahl der Sprache viele verschiedene Ausprägungen hat. Dennoch soll hier ein Beispiel gegeben werden; es ist jedoch nur ein grober Anhaltspunkt, welche Fächer in einem Grundstudium der Galloromanistik belegt werden könnten.

✗ Beispiel

1. Semester
- *Vorlesung:* Einführung in die Analyse und Beschreibung literarischer Texte (LW)
- *Seminar:* Einführung in die Analyse und Beschreibung literarischer Texte (LW)
- *Übung:* Phonetik I (SP)
- *Übung:* Grammaire (SP)

Dazu kommen noch etwa 8–10 SWS im zweiten Hauptfach bzw. in den Nebenfächern.

2. Semester
- *Vorlesung:* Introduction à la linguistique française (SW)
- *Seminar:* Introduction à la linguistique française (SW)
- *Übung:* Tutorium französische Linguistik – Techniken des wissenschaftlichen Arbeitens (SW)
- *Übung:* Phonetik II (SP)
- *Übung:* Traduction (SP)

Dazu kommen noch etwa 8–10 SWS im zweiten Hauptfach bzw. in den Nebenfächern.

3. Semester
- *Vorlesung:* Geschichte der romanischen Sprachen (LW)
- *Vorlesung:* Frankreich heute: Einführung in Kulturstudien (LK)
- *Proseminar:* Französische Sprachgeschichte (SW)

- *Übung:* Ecrit (SP)
- *Übung:* Übersetzung Englisch-Französisch (SP)
Dazu kommen noch etwa 8–10 SWS im zweiten Hauptfach bzw. in den Nebenfächern.

4. Semester
- *Vorlesung:* Fremde im eigenen Land, Fremde in der eigenen Sprache – Aspekte frankophoner Literaturen (LW)
- *Proseminar:* Französische Fachsprachen (SW)
- *Übung:* Tutorium zur Grammatik (SP)
- *Übung:* Compréhension et expression orales (SP)
Dazu kommen noch etwa 8–10 SWS im zweiten Hauptfach bzw. in den Nebenfächern.

Das Hauptstudium ist an jeder Hochschule anders. Je nachdem welchen Studienschwerpunkt man wählt und welchen Spezialgebieten man sich widmet, verläuft das Hauptstudium anders. Deshalb kann hier kein Beispielstundenplan gegeben werden.

3.7 Tätigkeitsfelder und Berufsperspektiven

Französisch und Spanisch werden innerhalb der EU immer wichtiger. So stehen Absolventen der Romanistik häufig Stellen bei internationalen Behörden offen. Aber auch die Erwachsenenbildung wird immer wichtiger, da viele Firmen ihren Mitarbeitern Sprachkurse anbieten, die sie für den europäischen Markt fit machen sollen.

Ein weiteres Berufsfeld ist das Kulturmanagement. Für eine derartige Tätigkeit gibt es jedoch kein klar definiertes Berufsfeld. Kulturmanagement oder Kulturmarketing stehen im engen Zusammenhang zur Kulturpolitik und vermitteln zwischen den Bereichen Kultur, Wirtschaft und Politik, zwischen Kulturschaffenden und -konsumenten. Der inhaltliche Einfluss auf die Projekte bleibt dabei allerdings meist gering. Kulturmanager sind vielmehr für die Geldbeschaffung oder die Presse- und Öffentlichkeitsarbeit zuständig. Vermittlungs- und Koordinationsfähigkeiten sowie Kenntnisse in Verwaltungsangelegenheiten sind hierbei vorteilhaft. Der ideale Kulturmanager sollte daher dynamisch, belastbar, flexibel und kommunikationsfähig sein sowie Marketingerfahrung und Organisationstalent besitzen. Die wichtigsten Arbeitgeber für Kulturmanager sind Institutionen wie

Museen oder Theater, kommunale und städtische Kulturämter, Verbände wie z.B. der Deutsche Städtetag, privatwirtschaftliche Unternehmen für Eventmarketing oder PR-Agenturen und sogar Unternehmensberatungen, die auf kulturelle Projekte spezialisiert sind. Gerade für diesen Bereich sind Praxiserfahrungen neben dem Studium besonders wertvoll. Wer mit dem Gedanken spielt, sich beruflich in diese Richtung zu entwickeln, sollte sich frühzeitig um ein Praktikum bei oben genannten Institutionen bemühen.

Neben dieser relativ speziellen Tätigkeit stehen Romanisten die „typischen" Berufsfelder für Sprachwissenschaftler offen: sei es an Hochschulen, in der Erwachsenenbildung, im Dokumentationswesen oder bei internationalen Behörden, bei Medien oder in der Tourismusbranche. Auch hier haben Absolventen mit praktischer Erfahrung die besseren Karten. Durch zusätzliche Qualifikationen, wie der perfekte Umgang mit den verschiedensten Computerprogrammen oder Präsentationskurse, die oft an den Hochschulen angeboten werden, sammeln Studierende Pluspunkte für die spätere Jobsuche.

3.8 Das Studienangebot an deutschen Hochschulen

Studienort	Studiengang/-fach	Abschluss	Anmerkung
U Aachen	Französisch	Lehramt an Berufskollegs	Studienbeginn WS empfohlen
	Französisch	Lehramt an Gymnasien und Gesamtschulen	Studienbeginn WS empfohlen
	Französische Literaturwissenschaft	Magister	deutsch-französischer Studiengang mit Doppeldiplom
	Französische Sprachwissenschaft	Magister	deutsch-französischer Studiengang mit Doppeldiplom
	Romanische Literaturwissenschaft	Magister	Studienbeginn WS empfohlen
	Romanische Sprachwissenschaft	Magister	Studienbeginn WS empfohlen
	Spanisch	Lehramt an Berufskollegs	Studienbeginn WS empfohlen
	Spanisch	Lehramt an Gymnasien und Gesamtschulen	Studienbeginn WS empfohlen

Studienort	Studiengang/-fach	Abschluss	Anmerkung
U Augsburg	Angewandte Sprachwissenschaft Romanistik/ Französisch	Magister	
	Angewandte Sprachwissenschaft Romanistik/ Italienisch	Magister	
	Angewandte Sprachwissenschaft Romanistik/ Spanisch, Portugiesisch	Magister	Portugiesisch nur Hauptfach
	Didaktik des Französischen	Magister	
	Französisch	Lehramt an Gymnasien	
	Französisch	Lehramt an Realschulen	
	Italienisch	Lehramt an Gymnasien	
	Romanische Literaturwissenschaft/Französisch	Magister	
	Romanische Literaturwissenschaft/Italienisch	Magister	
	Romanische Literaturwissenschaft/Spanisch	Magister	
	Romanische Sprachwissenschaft/Französisch	Magister	
	Romanische Sprachwissenschaft/Italienisch	Magister	
	Romanische Sprachwissenschaft/Spanisch	Magister	
	Spanisch	Lehramt an Gymnasien	
U Bamberg	Französisch	Lehramt an Gymnasien	
	Französisch	Lehramt an Realschulen	
	Italienisch	Lehramt an Gymnasien	
	Romanistik	Diplom	
	Romanistik	Magister	
	Spanisch	Lehramt an Gymnasien	
U Bayreuth	Etudes Francophones	Master of Arts	
	Romanistik	Bachelor/Magister	Bachelorstudium Beginn nur WS
FU Berlin	Französisch	Amt des Lehrers mit fachwissenschaftl. Ausbildung in zwei Fächern	
	Französisch	Studienrat	

Studienort	Studiengang/-fach	Abschluss	Anmerkung
FU Berlin	Französisch	Studienrat mit einer beruflichen Fachrichtung	nur Zweitfach/ zweites Hauptfach
	Französisch	Studienrat mit Erstfach Bildende Kunst oder Musik	nur Zweitfach/ zweites Hauptfach
	Französische Philologie	Magister	
	Italienisch	Studienrat	nur Zweitfach/ zweites Hauptfach
	Italienisch	Studienrat mit Erstfach Bildende Kunst oder Musik	nur Zweitfach/ zweites Hauptfach
	Italienische Philologie	Magister	
	Lateinamerikanistik	Magister	
	Portugiesische Philologie	Magister	nur Nebenfach
	Rumänische Philologie	Magister	nur Nebenfach
	Spanisch	Studienrat	
	Spanisch	Studienrat mit einer beruflichen Fachrichtung	nur Zweitfach/ zweites Hauptfach
	Spanisch	Studienrat mit Erstfach Bildende Kunst oder Musik	nur Zweitfach/ zweites Hauptfach
	Spanische Philologie	Magister	
HU Berlin	Französisch	Amt des Lehrers mit fachwissenschaftl. Ausbildung in zwei Fächern	Studienbeginn WS empfohlen
	Französisch	Magister	
	Französisch	Studienrat	Studienbeginn WS empfohlen
	Französisch	Studienrat mit einer beruflichen Fachrichtung	Studienbeginn WS empfohlen; nur Zweitfach/ zweites Hauptfach
	Französisch	Studienrat mit Erstfach Bildende Kunst oder Musik	Studienbeginn WS empfohlen; nur Zweitfach/ zweites Hauptfach
	Italienisch	Magister	

Studienort	Studiengang/-fach	Abschluss	Anmerkung
HU Berlin	Italienisch	Studienrat	nur Zweitfach/ zweites Haupt-fach
	Portugiesisch	Magister	nur Nebenfach
	Rumänisch	Magister	nur Nebenfach
	Spanisch	Magister	
	Spanisch	Studienrat	Studienbeginn WS empfohlen
	Spanisch	Studienrat mit einer beruf-lichen Fachrichtung	Studienbeginn WS empfohlen; nur Zweitfach/ zweites Haupt-fach
	Spanisch	Studienrat mit Erstfach Bildende Kunst oder Musik	Studienbeginn WS empfohlen; nur Zweitfach/ zweites Haupt-fach
TU Berlin	Französisch	Amt des Lehrers mit fach-wissenschaftl. Ausbildung in zwei Fächern	
	Französisch	Studienrat	
	Französisch	Studienrat mit einer beruf-lichen Fachrichtung	nur Zweitfach/ zweites Haupt-fach
	Französisch	Studienrat mit Erstfach Bildende Kunst oder Musik	nur Zweitfach/ zweites Haupt-fach
	Französische Philologie	Magister	
U Bielefeld	Französisch	Bachelor/Master – Lehr-amt an Gymnasien/ Gesamtschulen	Modellversuch gestufte Lehr-amtsausbil-dung
	Romanistik mit Franzö-sisch, Spanien- und Lateinamerikastudien	Bachelor/Master	
U Bochum	Französisch	Bachelor/Master – Lehr-amt an Berufskollegs	Modellversuch gestufte Lehr-amtsausbil-dung
	Französisch	Bachelor/Master – Lehr-amt an Gymnasien/ Gesamtschulen	Modellversuch gestufte Lehr-amtsausbil-dung

Studienort	Studiengang/-fach	Abschluss	Anmerkung
U Bochum	Italienisch	Bachelor/Master – Lehramt an Gymnasien/ Gesamtschulen	Modellversuch gestufte Lehramtsausbildung
	Romanische Philologie – Französisch	Bachelor/Master	auch deutsch-französischer Studiengang mit Doppeldiplom
	Romanische Philologie – Italienisch	Bachelor/Master	
	Romanische Philologie – Spanisch	Bachelor/Master	auch internationaler Studiengang mit Doppeldiplom
	Romanische Philologie allgem.	Bachelor/Master	auch internationaler Studiengang mit Doppeldiplom
	Spanisch	Bachelor/Master – Lehramt an Gymnasien/ Gesamtschulen	Modellversuch gestufte Lehramtsausbildung
U Bonn	Französische Philologie	Magister	
	Iberoromanische Philologie	Magister	Schwerpunkt wahlweise Portugiesisch oder Spanisch
	Italienische Philologie	Magister	
	Romanische Mediävistik	Magister	
U Bremen	Französisch	Lehramt für die Sekundarstufe I	
	Französisch	Lehramt für die Sekundarstufe II	
	Romanistik	Magister	
	Spanisch	Lehramt für die Sekundarstufe I	
	Spanisch	Lehramt für die Sekundarstufe II	
TU Chemnitz	Romanistik	Magister	
TU Dresden	Französisch	Lehramt an Gymnasien	
	Französisch	Lehramt an Mittelschulen	
	Italienisch	Lehramt an Gymnasien	
	Romanistik	Magister	

Studienort	Studiengang/-fach	Abschluss	Anmerkung
TU Dresden	(Literaturwissenschaft)		
	Romanistik (Sprachwissenschaft)	Magister	
	Spanisch	Lehramt an Gymnasien	
U Duisburg	Französisch	Lehramt an Berufskollegs	
	Französisch	Lehramt an Gymnasien und Gesamtschulen	
	Romanistik	Magister	Französisch, Spanisch
	Romanistik/Linguistik des Französischen	Magister	nur Nebenfach
	Romanistik/Linguistik des Spanischen	Magister	nur Nebenfach
	Romanistik/Literaturwissenschaft des Französischen	Magister	nur Nebenfach
	Romanistik/Literaturwissenschaft des Spanischen	Magister	nur Nebenfach
	Spanisch	Lehramt an Berufskollegs	
	Spanisch	Lehramt an Gymnasien und Gesamtschulen	
U Düsseldorf	Romanische Philologie (Französisch)	Magister	
	Romanische Philologie (Italienisch)	Magister	
	Romanische Philologie (Spanisch)	Magister	
	Romanistische Literaturwissenschaft	Magister	
	Romanistische Sprachwissenschaft	Magister	
U Eichstätt/ Ingolstadt	Französisch	Lehramt an Gymnasien	
	Französisch	Lehramt an Realschulen	
	Galloromanistik	Magister	
	Hispanistik	Magister	
	Italianistik	Magister	
	Italienisch	Lehramt an Gymnasien	
	Lateinamerikanistik	Magister	
	Spanisch	Lehramt an Gymnasien	
U Erfurt	Französisch	Lehramt an berufsbildenden Schulen	nur Zweitfach

Studienort	Studiengang/-fach	Abschluss	Anmerkung
U Erfurt	Französisch	Lehramt an Grundschulen	
	Französisch	Lehramt an Regelschulen	
U Erlangen	Didaktik der Französischen Sprache und Literatur	Magister	
	Französisch	Lehramt an Gymnasien	
	Französisch	Lehramt an Realschulen	
	Galloromanische Philologie	Magister	
	Iberoromanische Philologie	Magister	
	Italienisch	Lehramt an Gymnasien	
	Italoromanische Philologie	Magister	
	Romanistik	Magister	
	Spanisch	Lehramt an Gymnasien	
U Frankfurt a. M.	Französisch	Lehramt an Gymnasien	
	Französisch	Lehramt an Haupt- und Realschulen	
	Italienisch	Lehramt an Gymnasien	
	Romanistik	Magister	
	Spanisch	Lehramt an Gymnasien	
U Freiburg	Französisch	Lehramt an Gymnasien	
	Italienisch	Lehramt an Gymnasien	
	Portugiesisch	Baccalaureus/Bachelor	nur Nebenfach
	Romanische Philologie	Magister	nur Nebenfach; auch Teilzeitstudium für bestimmte Personengruppen
	Romanische Philologie: Französisch und eine weitere romanische Sprache	Magister	auch Teilzeitstudium für bestimmte Personengruppen
	Romanische Philologie: Italienisch und eine weitere romanische Sprache	Magister	auch Teilzeitstudium für bestimmte Personengruppen
	Romanische Philologie: Portugiesisch und eine weitere romanische Sprache	Magister	auch Teilzeitstudium für bestimmte Personengruppen

Studienort	Studiengang/-fach	Abschluss	Anmerkung
U Freiburg	Romanische Philologie: Rumänisch und eine weitere romanische Sprache	Magister	auch Teilzeit-studium für bestimmte Personengruppen
	Romanische Philologie: Spanisch und eine weitere romanische Sprache	Magister	auch Teilzeit-studium für bestimmte Personengruppen
	Spanisch	Baccalaureus/Bachelor	nur Nebenfach
	Spanisch	Lehramt an Gymnasien	
PH Freiburg	Französisch	Lehramt an Grund- und Hauptschulen	auch „Europa-Lehramt" möglich
	Französisch	Lehramt an Realschulen	auch „Europa-Lehramt" möglich
U Gießen	Didaktik der romanischen Sprachen und Literaturen	Magister	
	Französisch	Lehramt an Grundschulen	
	Französisch	Lehramt an Gymnasien	
	Französisch	Lehramt an Haupt- und Realschulen	
	Italienisch	Lehramt an Gymnasien	
	Portugiesisch	Lehramt an Gymnasien	
	Romanische Literatur-wissenschaft	Magister	
	Romanische Sprach-wissenschaft	Magister	
	Romanistik	Diplom	Hauptfach Galloromanistik oder Hispanistik
	Spanisch	Lehramt an Gymnasien	
U Göttingen	Französisch	Lehramt an berufsbilden-den Schulen	
	Französisch	Lehramt an Gymnasien	
	Italienisch	Lehramt an Gymnasien	Erweiterungs-prüfung
	Romanische Philologie	Magister	
	Spanisch	Lehramt an berufsbilden-den Schulen	
	Spanisch	Lehramt an Gymnasien	

Studienort	Studiengang/-fach	Abschluss	Anmerkung
U Greifswald	Französisch	Lehramt an Gymnasien	auch Modell-versuch „Master of Education" nach vor-angegangenem Bachelor-Studium
	Französisch	Lehramt an Haupt- und Realschulen	auch Modell-versuch „Master of Education" nach vor-angegangenem Bachelor-Studium
	Französische Philologie	Bachelor/Magister	akkreditierter Studiengang; Magister nur Nebenfach
	Italienisch	Lehramt an Gymnasien	als Dritt- oder Beifach
	Italienische Philologie	Magister	nur Nebenfach
	Romanistik	Magister	nur Hauptfach
	Spanisch	Lehramt an Gymnasien	
	Spanisch	Lehramt an Haupt- und Realschulen	
	Spanische Philologie	Bachelor	akkreditierter Studiengang
U Halle	Französisch	Lehramt an Gymnasien	
	Französisch	Lehramt an Sekundar-schulen	
	Galloromanistik	Magister	
	Hispanistik	Magister	
	Italianistik	Magister	
	Italienisch	Lehramt an Gymnasien	
	Spanisch	Lehramt an Gymnasien	
U Hamburg	Französisch	Bakkalaureat/Magister	
	Französisch	Lehramt an der Grund- und Mittelstufe	
	Französisch	Lehramt an der Oberstufe – allgemein bildende Schulen	
	Französisch	Lehramt an der Oberstufe – berufliche Schulen	

Studienort	Studiengang/-fach	Abschluss	Anmerkung
U Hamburg	Französisch	Lehramt an Sonderschulen	
	Italienisch	Bakkalaureat/Magister	
	Katalanisch	Magister	nur Nebenfach
	Portugiesisch	Bakkalaureat/Magister	
	Rumänisch	Magister	nur Nebenfach
	Spanisch	Bakkalaureat/Magister	
	Spanisch	Lehramt an der Grund- und Mittelstufe	
	Spanisch	Lehramt an der Oberstufe – allgemein bildende Schulen	
	Spanisch	Lehramt an der Oberstufe – berufliche Schulen	
U Hannover	Französisch	Lehramt an berufsbildenden Schulen	
	Französisch	Lehramt an Grund-, Haupt- und Realschulen	
	Französisch	Lehramt an Gymnasien	
	Französisch	Magister	
	Italienisch	Lehramt an Gymnasien	Erweiterungsprüfung
	Italienisch	Magister	
PH Heidelberg	Französisch	Lehramt an Grund- und Hauptschulen	
	Französisch	Lehramt an Realschulen	
U Heidelberg	Französisch	Lehramt an Gymnasien	
	Italienisch	Lehramt an Gymnasien	
	Romanische Philologie (Literaturwissenschaft)	Magister	
	Romanische Philologie (Sprachwissenschaft)	Magister	
	Spanisch	Lehramt an Gymnasien	
U Jena	Französisch	Lehramt an Gymnasien	
	Französisch	Lehramt an Regelschulen	
	Französisch	Magister	
	Italienisch	Lehramt an Gymnasien	als Drittfach nach Erster Staatsprüf. wählbar
	Italienisch	Magister	
	Portugiesisch	Magister	

Studienort	Studiengang/-fach	Abschluss	Anmerkung
U Jena	Rumänisch	Magister	
	Spanisch	Lehramt an Gymnasien	als Drittfach nach Erster Staatsprüf. wählbar
	Spanisch	Magister	
PH Karlsruhe	Französisch	Lehramt an Grund- und Hauptschulen	auch „Europa-Lehramt" möglich
	Französisch	Lehramt an Realschulen	auch „Europa-Lehramt" möglich
U Kassel	Französisch	Lehramt an Grundschulen	
	Französisch	Lehramt an Gymnasien	
	Französisch	Lehramt an Haupt- und Realschulen	
	Hispanistik	Diplom	
	Italianistik	Diplom	
	Italienisch	Lehramt an Gymnasien	
	Romanische Philologie	Magister	
	Romanistik	Diplom	
	Spanisch	Lehramt an Gymnasien	
U Kiel	Französisch	Lehramt an Gymnasien	
	Französisch	Lehramt an Realschulen	Zusatzqualifikation Magister möglich
	Französisch	Magister	
	Italienisch	Lehramt an Gymnasien	nur als Erweiterungsfach
	Italienisch	Magister	
	Portugiesisch	Magister	
	Romanische Philologie	Magister	
	Spanisch	Lehramt an Gymnasien	
	Spanisch	Magister	
U Koblenz	Französisch	Lehramt an Grund- und Hauptschulen	
	Französisch	Lehramt an Realschulen	nur 1.–4. Semester, dann Weiterstudium in Landau
	Französisch	Lehramt an Sonderschulen	

Studienort	Studiengang/-fach	Abschluss	Anmerkung
U Köln	Französisch	Lehramt an Grund-, Haupt- und Realschulen und den entsprechenden Jahrgangs-stufen der Gesamtschulen, Schwerpunkt Haupt-, Real- und Gesamtschule	
	Französisch	Lehramt an Gymnasien und Gesamtschulen	
	Italienisch	Lehramt an Gymnasien und Gesamtschulen	
	Romanische Philologie/ Romanistik – Französisch	Magister	
	Romanische Philologie/ Romanistik – Italienisch	Magister	
	Romanische Philologie/ Romanistik – Portugie-sisch	Magister	
	Romanische Philologie/ Romanistik – Spanisch	Magister	
	Romanistik	Magister	
	Spanisch	Lehramt an Gymnasien und Gesamtschulen	
U Konstanz	Französisch	Lehramt an Gymnasien	
	Französische Studien	Bachelor	
	Italienisch	Lehramt an Gymnasien	
	Italienische Studien	Bachelor	
	Spanisch	Lehramt an Gymnasien	
	Spanische Studien	Bachelor	
U Landau	Französisch	Lehramt an Grund- und Hauptschulen	
	Französisch	Lehramt an Realschulen	
	Französisch	Lehramt an Sonderschulen	
	Romanistik	Magister	nur Nebenfach
U Leipzig	Französisch	Lehramt an Förderschulen	
	Französisch	Lehramt an Grundschulen	
	Französisch	Lehramt an Gymnasien	
	Französisch	Lehramt an Mittelschulen	
	Französistik	Magister	
	Hispanistik	Magister	
	Italianistik	Magister	
	Italienisch	Lehramt an Gymnasien	
	Lusitanistik	Magister	

Studienort	Studiengang/-fach	Abschluss	Anmerkung
U Leipzig	Rumänistik	Magister	nur Nebenfach
	Spanisch	Lehramt an Gymnasien	
PH Ludwigsburg	Französisch	Lehramt an Grund- und Hauptschulen	
	Französisch	Lehramt an Realschulen	
U Mainz	Französisch	Lehramt an Gymnasien	auch deutsch-französisches Studienprogramm mit Doppelabschluss
	Italienisch	Lehramt an Gymnasien	auch deutsch-französisches Studienprogramm mit Doppelabschluss
	Portugiesisch	Lehramt an Gymnasien	nur Erweiterungsprüfung möglich
	Romanische Philologie	Magister	Französisch, Italienisch, Spanisch, Portugiesisch; auch deutsch-französisches Studienprogramm mit Doppelabschluss
	Spanisch	Lehramt an Gymnasien	auch deutsch-französisches Studienprogramm mit Doppelabschluss
U Mannheim	Franko-Romanistik	Bachelor	
	Französisch	Lehramt an Gymnasien	
	Hispanistik	Bachelor	
	Italianistik	Bachelor	
	Philologie mit wirtschaftswiss. Qualifikation (Anglistik, Romanistik, Slawistik)	Diplom	
	Romanische Philologie (Französisch)	Magister	

Studienort	Studiengang/-fach	Abschluss	Anmerkung
U Mannheim	Romanische Philologie (Hispanistik)	Magister	
	Romanische Philologie (Italianistik)	Magister	
	Spanisch	Lehramt an Gymnasien	
U Marburg	Französisch	Lehramt an Gymnasien	
	Französisch	Magister	
	Italienisch	Lehramt an Gymnasien	
	Italienisch	Magister	
	Portugiesisch	Magister	nur Nebenfach
	Spanisch	Lehramt an Gymnasien	
	Spanisch	Magister	
U München	Französisch	Lehramt an beruflichen Schulen	nur Erweiterungsprüfung möglich
	Französisch	Lehramt an Gymnasien	
	Französisch	Lehramt an Realschulen	
	Italienisch	Lehramt an Gymnasien	
	Italienische Philologie	Magister	
	Portugiesisch	Lehramt an Gymnasien	nur nachträgliche Erweiterungsprüfung möglich
	Romanische Philologie	Magister	
	Spanisch	Lehramt an Gymnasien	
U Münster	Französisch	Lehramt an Grund-, Haupt- und Realschulen und den entsprechenden Jahrgangsstufen der Gesamtschulen, Schwerpunkt Haupt-, Real- und Gesamtschule	
	Französisch	Lehramt an Gymnasien und Gesamtschulen	
	Italienisch	Lehramt an Gymnasien und Gesamtschulen	
	Romanische Philologie (Französisch)	Magister	
	Romanische Philologie (Italienisch)	Magister	
	Romanische Philologie (Spanisch)	Magister	
	Spanisch	Lehramt an Gymnasien und Gesamtschulen	

Studienort	Studiengang/-fach	Abschluss	Anmerkung
U Oldenburg	Französisch	Lehramt an berufsbilden-den Schulen	Studium an Uni Bremen
	Spanisch	Lehramt an berufsbilden-den Schulen	Studium an Uni Bremen
	Spanisch	Lehramt an Gymnasien	Studium an Uni Bremen
U Osnabrück	Französisch	Lehramt an Grund-, Haupt- und Realschulen	
	Französisch	Lehramt an Gymnasien	
	Italienisch	Lehramt an Gymnasien	Erweiterungs-prüfung
	Romanistik	Magister	
U Paderborn	Französisch	Lehramt an Berufskollegs	
	Französisch	Lehramt an Grund-, Haupt- und Realschulen und den entsprechenden Jahrgangs-stufen der Gesamtschulen, Schwerpunkt Haupt-, Real- und Gesamtschule	
	Französisch	Lehramt an Gymnasien und Gesamtschulen	
	Italienisch	Lehramt an Gymnasien und Gesamtschulen	
	Spanisch	Lehramt an Berufskollegs	
	Spanisch	Lehramt an Gymnasien und Gesamtschulen	
U Passau	Französisch	Lehramt an Gymnasien	
	Französisch	Lehramt an Realschulen	
	Portugiesisch	Lehramt an Gymnasien	nur Erweite-rungsprüfung möglich
	Romanische Kultur-wissenschaft	Magister	
	Romanische Literatur-wissenschaft	Magister	
	Romanische Sprach-wissenschaft	Magister	
U Potsdam	Französisch	Lehramt an Gymnasien	
	Französisch	Lehramt Sekundarstufe I und Primarstufe	
	Französische Philologie	Magister	
	Italienisch	Lehramt an Gymnasien	nur als Dritt-fach

Studienort	Studiengang/-fach	Abschluss	Anmerkung
U Potsdam	Italienisch	Lehramt Sekundarstufe I und Primarstufe	nur als Dritt-fach
	Italienische Philologie	Magister	
	Spanisch	Lehramt an Gymnasien	
	Spanisch	Lehramt Sekundarstufe I und Primarstufe	
	Spanische Philologie	Magister	
U Regensburg	Deutsch-Französische Studien/Études Franco-Allemandes	Baccalaureus/Magister	deutsch-fran-zösischer Stu-diengang mit Doppeldiplom
	Französisch	Lehramt an Gymnasien	
	Französisch	Lehramt an Realschulen	
	Italienisch	Lehramt an Gymnasien	
	Romanische Philologie	Bachelor/Magister	
	Spanisch	Lehramt an Gymnasien	
U Rostock	Französisch	Lehramt an beruflichen Schulen	
	Französisch	Lehramt an Grund- und Hauptschulen	
	Französisch	Lehramt an Gymnasien	
	Französisch	Lehramt an Haupt- und Realschulen	
	Französisch	Lehramt für Sonder-pädagogik	
	Italienisch	Lehramt an Grund- und Hauptschulen	nur als Dritt- - oder Beifach
	Italienisch	Lehramt an Gymnasien	nur als Dritt- oder Beifach
	Romanistik	Bakkalaureus	Französische/ Spanische/ Romanische Sprache(n), Literatur(en) und Kultur(en)
	Spanisch	Lehramt an Grund- und Hauptschulen	
	Spanisch	Lehramt an Gymnasien	
	Spanisch	Lehramt an Haupt- und Realschulen	
	Spanisch	Lehramt für Sonder-pädagogik	

Studienort	Studiengang/-fach	Abschluss	Anmerkung
U Saarbrücken	Französische Kulturwissenschaft und Interkulturelle Kommunikation	Magister	Schwerpunkt Deutschland/ Frankreich
	Französische Sprach- und Literaturwissenschaft	Lehramt an beruflichen Schulen	
	Französische Sprach- und Literaturwissenschaft	Lehramt an Gymnasien und Gesamtschulen (Klassenstufen 5 bis 13)	
	Französische Sprach- und Literaturwissenschaft	Lehramt an Hauptschulen und Gesamtschulen	
	Französische Sprach- und Literaturwissenschaft	Lehramt an Realschulen und Gesamtschulen	
	Französische Sprach- und Literaturwissenschaft	Magister	
	Grenzüberschreitende deutsch-französische Studien	Licence, Maîtrise, Diplom	2. Studienabschnitt in Kooperation mit U Metz
	Italienische Sprach- und Literaturwissenschaft	Lehramt an Gymnasien und Gesamtschulen (Klassenstufen 5 bis 13)	
	Italienische Sprach- und Literaturwissenschaft	Magister	
	Lettres modernes	Licence	3. Jahr des französischen Studiengangs „Lettres modernes"; Abschluss Maîtrise nach Absprache
	Spanische Sprach- und Literaturwissenschaft	Lehramt an Gymnasien und Gesamtschulen (Klassenstufen 5 bis 13)	
	Spanische Sprach- und Literaturwissenschaft	Magister	
U Siegen	Angewandte Fremdsprachen	Bachelor	deutsch-französischer Studiengang mit Doppeldiplom
	Französisch	Lehramt an Berufskollegs	
	Französisch	Lehramt an Grund-, Haupt- und Realschulen und den entsprechenden Jahrgangsstufen der Gesamtschulen, Schwerpunkt Haupt-, Real- und Gesamtschule	

Studienort	Studiengang/-fach	Abschluss	Anmerkung
U Siegen	Französisch	Lehramt an Gymnasien und Gesamtschulen	
	Französische Literatur-wissenschaft	Magister	nur Nebenfach
	Italienische Literatur-wissenschaft	Magister	nur Nebenfach
	Romanische Literatur-wissenschaft	Magister	
	Spanisch	Lehramt an Berufskollegs	
	Spanisch	Lehramt an Gymnasien und Gesamtschulen	
	Spanische Literatur-wissenschaft	Magister	nur Nebenfach
	Sprachwissenschaft der romanischen Sprachen	Magister	
U Stuttgart	Französisch	Lehramt an Gymnasien	
	Galloromanistik	Magister	
	Italianistik	Magister	
	Italienisch	Lehramt an Gymnasien	nur Erweite-rungsfach
	Romanistik – Französisch	Bachelor	
	Romanistik – Italienisch	Bachelor	
U Trier	Französisch	Lehramt an Gymnasien	
	Französisch	Lehramt an Realschulen	
	Französische Philologie	Magister	
	Italienisch	Lehramt an Gymnasien	
	Italienische Philologie	Magister	
	Portugiesische Philologie	Magister	
	Romanische Philologie	Magister	
	Spanisch	Lehramt an Gymnasien	
	Spanische Philologie	Magister	
U Tübingen	Französisch	Lehramt an Gymnasien	
	Italienisch	Lehramt an Gymnasien	
	Romanische Philologie I	Magister	Französisch, Italienisch, Katalanisch, Portugiesisch, Rumänisch, Spanisch
	Romanische Philologie II	Magister	nur Nebenfach und nur in Ver-bindung mit

Studienort	Studiengang/-fach	Abschluss	Anmerkung
U Tübingen			Romanische Philologie I
	Spanisch	Lehramt an Gymnasien	
PH Weingarten	Französisch	Lehramt an Grund- und Hauptschulen	Französisch kann nur mit Deutsch oder Mathematik gewählt werden
	Französisch	Lehramt an Realschulen	
U Wuppertal	Frankoromanistik (Literaturwissenschaft)	Magister	nur Nebenfach
	Französisch	Lehramt an Berufskollegs	
	Französisch	Lehramt an Grund-, Haupt- und Realschulen und den entsprechenden Jahrgangsstufen der Gesamtschulen, Schwerpunkt Haupt-, Real- und Gesamtschule	
	Französisch	Lehramt an Gymnasien und Gesamtschulen	
	Hispanistik (Literaturwissenschaft)	Magister	nur Nebenfach oder Schwerpunkt im Hauptfach
	Italianistik (Literaturwissenschaft)	Magister	nur Nebenfach
	Romanische Sprachwissenschaft	Magister	nur Nebenfach oder Schwerpunkt im Hauptfach
	Romanistik	Magister	
U Würzburg	Französisch	Lehramt an Gymnasien	
	Französisch	Lehramt an Realschulen	
	Galloromanische Philologie	Magister	
	Iberoromanische Philologie	Magister	
	Italienisch	Lehramt an Gymnasien	
	Italoromanische Philologie	Magister	
	Spanisch	Lehramt an Gymnasien	
Quelle: Studien- und Berufswahl			

4 Slawistik

4.1 Slawistik – was ist das?

Die meisten der Sprachen, die in Ost-, teilweise auch Südeuropa gesprochen werden, sind slawischen Ursprungs. Slawistik nennt man den Bereich der Sprach- und Literaturwissenschaft, der sich mit diesen beschäftigt. Aber welche Sprachen werden zu den slawischen gezählt und welche davon kann man an deutschen Universitäten studieren?

> Die meisten Universitäten unterteilen den Fachbereich Slawistik in drei Teilbereiche.
> **Südslawistik:** Serbisch, Kroatisch, Bulgarisch und Slowenisch, Mazedonisch (und das ausgestorbene Kirchenslawisch)
> **Ostslawistik:** Russisch, Ukrainisch und Weißrussisch
> **Westslawistik:** Tschechisch, Slowakisch, Polnisch und Sorbisch

Nicht alle Universitäten, die Slawistik anbieten, bieten auch alle drei Teilbereiche an. Das Fach Slawische Philologie oder Slawistik ist somit so vielfältig und so umfassend, dass kein Professor der Slawistik es als Ganzes beherrschen kann. Über ein Dutzend verwandte, jedoch unterschiedliche Sprachen und Kulturen werden diesem Fach zugerechnet. Wie auch in der Romanistik studiert man deshalb in der Slawistik nicht alle Sprachen auf einmal. Studierende müssen ein Teilgebiet (Südslawistik, Ostslawistik oder Westslawistik) auswählen und sich in diesem auf eine Sprache konzentrieren. In der Regel wird im Nebenfach noch eine zweite slawische Sprache studiert. Doch natürlich beschränkt sich auch die Slawistik nicht nur auf das möglichst perfekte Erlernen der Sprache. Die Sprachausbildung spielt zwar im Grundstudium die entscheidende Rolle, aber schon hier und verstärkt im Hauptstudium bearbeiten die Studierenden auch sprach- und/oder literaturwissenschaftliche Fragestellungen. Ein weiterer wichtiger Bereich ist in der Regel die Landeskunde. Auf den Inhalt der einzelnen Fächer wird in den nächsten Kapiteln genauer eingegangen.

4.2 Warum Slawistik studieren?

Mit der Erweiterung der Europäischen Union wachsen Ost- und Westeuropa stärker zusammen. Somit werden auch die Sprachen aus dem Osten Europas im Zuge der Intensivierung der wirtschaftlichen und kulturellen Verbindungen mit den neuen EU-Partnern immer wichtiger. Neben der sprachlichen Kompetenz gewinnt auch das Wissen über die Kultur dieser Länder an Bedeutung. Und obwohl Russland nicht zur EU zählt, gibt es auch hier zahlreiche wirtschaftliche Verbindungen zu Deutschland.

Ein Vorteil von Slawistik im Gegensatz zu Anglistik oder Romanistik ist auch die Größe der Fakultäten. Slawistik ist kein Massenfach und somit können die Studierenden an übersichtlichen Instituten lernen und genießen häufig eine bessere Betreuung als es in den Massenfächern möglich ist.

4.3 Zulassung und Abschlüsse

Wie für alle Studienfächer an der Hochschule gilt natürlich auch in der Slawistik die Hochschulreife als grundlegende Voraussetzung, um sich einschreiben zu können. Daneben verlangen viele Hochschulen auch ein Latinum oder zumindest Lateinkenntnisse, die drei aufsteigenden Schuljahren Lateinunterricht entsprechen. Diese Voraussetzungen gelten vor allem für Lehramts- und Magisterstudierende. An manchen Hochschulen können die Lateinkenntnisse auch durch Altgriechischkenntnisse ersetzt werden. Normalerweise reicht es, den jeweils geforderten Sprachnachweis bis zur Zwischenprüfung vorzulegen, die man in der Regel nach dem vierten Semester absolviert. Wer diese Kenntnisse schon aus der Schule mitbringt, muss bei der Anmeldung zur Zwischenprüfung nur sein Abiturzeugnis vorlegen, auf dem die Teilnahme an den jeweiligen Fächern (Latein oder Altgriechisch) vermerkt ist. Für alle anderen heißt es: Lateinkurs an der Universität belegen!

Slawistische Philologie wird in der Regel „auf Magister" studiert. Hier wird eine slawische Sprache als Hauptfach gewählt und häufig mit einer zweiten slawischen Sprache im Nebenfach ergänzt. Wenn die Hochschule die Wahl eines zweiten Nebenfachs fordert, kann dies frei aus allen sprachlichen und nicht sprachlichen Magisterfächern gewählt werden. Ein Lehramtsstudium steht nur denen offen, die Russisch studieren wollen. Im Zuge der Studienreformen werden auch im slawistischen Bereich immer mehr Studiengänge mit den Abschlüssen Bachelor und Master angeboten.

Sehr selten und meist eher mit wirtschaftlichem als mit sprach- und/oder literaturwissenschaftlichem Fokus werden Diplomstudiengänge für slawische Sprachen angeboten.

> ✔ **Mögliche Studienabschlüsse**
>
> - Magister Artium
> - Lehramt an Hauptschulen und Realschulen (nur Russisch)
> - Lehramt an Gymnasien (Russisch)
> - Diplom
> - Bachelor
> - Master

4.4 Inhalte des Fachs

Das Studium an der Universität ist nicht darauf ausgerichtet, eine Berufsausbildung zu vermitteln, sondern den wissenschaftlichen Nachwuchs heranzubilden. Die Lehre ist demnach auch nicht nur auf eine perfekte Beherrschung der Sprache ausgerichtet, sondern vielmehr auf die wissenschaftliche Beschäftigung mit Sprache und Literatur des jeweiligen Kulturraums. Wie in allen Philologien liegt auch in der Slawistik der Schwerpunkt des Studiums auf den vier Bereichen Sprachwissenschaft, Literaturwissenschaft, Sprachpraxis und Landeskunde. Im Folgenden sollen die Ziele und Inhalte der einzelnen Bereiche etwas genauer beleuchtet werden.

Literaturwissenschaft: Sie beschäftigt sich wissenschaftlich mit der Literatur des jeweiligen Kulturraums. Studierende lernen Probleme und Methoden der literaturwissenschaftlichen Bearbeitung von Texten kennen. Sie müssen sich in die verschiedenen Forschungsfelder einarbeiten, um am Ende des Studiums aufgrund eigener Kenntnisse und analytischer Kompetenzen einen wissenschaftlichen Standpunkt vertreten und ihn in wissenschaftlichen Arbeiten schriftlich darzustellen zu können. Des Weiteren beschäftigt sich die Literaturwissenschaft mit der poetischen Dimension von Sprache und mit der Beschaffenheit einzelner Textsorten. Basis hierfür sind auch Kenntnisse mehrerer Literaturen in der ersten slawischen Sprache (Hauptfach) und die Lektüre ausgewählter Texte in einer weiteren slawischen Sprache (erstes Nebenfach).

Sprachwissenschaft: Sie wird auch Linguistik genannt und beschäftigt sich mit den Problemen und Methoden der sprachwissenschaftlichen Betrachtung von Texten. Also mit der Grammatik, der Satzstruktur und der Geschichte der slawischen Sprachen einschließlich des Altkirchenslawischen, das die Basis aller slawischen Sprachen ist.

Sprachpraxis: Hier lernen die Studierenden den praktischen Gebrauch der Sprache. Je nach Vorkenntnissen nimmt dieser Bereich im Grundstudium einen großen Teil ein. Denn ohne mündliche wie auch schriftliche Kenntnisse der Sprache können schließlich keine literarischen Texte gelesen und analysiert werden. Für die zweite slawische Sprache gilt, dass zumindest die Fähigkeit erworben werden soll, diese zu lesen.

Landeskunde: Im vierten und kleinsten Teilbereich liegt der Fokus auf dem Kennenlernen der Kultur und der sozialen, politischen und wirtschaftlichen Gegebenheiten der jeweiligen Kulturräume.

4.5 Aufbau und Ablauf des Studiums

Folgend beziehen wir uns im Wesentlichen auf den Magisterstudiengang Slawistik, da die überwiegende Mehrheit der Studierenden diesen Abschluss anstrebt.

Das Studium der Slawistik gliedert sich in ein Grund- und ein Hauptstudium, das nach Regelstudienzeit jeweils vier Semester dauern sollte. In der Realität dauert das Studium meist jedoch länger. Im Grundstudium soll die Basis für die wissenschaftliche Auseinandersetzung mit der Literatur und der Sprache geschaffen werden, im Hauptstudium werden diese Kenntnisse und Fertigkeiten vertieft. An den meisten Universitäten besteht die Möglichkeit, einen Schwerpunkt, also Sprach- oder Literaturwissenschaft, zu wählen. In diesem Schwerpunkt wird auch die Magisterarbeit geschrieben. Der folgende Studienaufbau kann nur als Beispiel dienen, da der genaue Studienplan sich von Universität zu Universität unterscheidet.

X Beispiel

Grundstudium (1. bis 4. Semester)
- *Orientierungsveranstaltung* (diese gibt es nicht überall)
- *Sprachpraxis* (14–18 SWS) mit Phonetik, Grammatik, Übersetzung, evtl. Wortschatzübung
- *Sprachwissenschaft* (6–8 SWS) mit einer Einführungsvorlesung und mindestens einem Proseminar
- *Literaturwissenschaften* (ca. 6–8 SWS) mit einer Einführungsvorlesung und mindestens einem Proseminar
- *Landeskunde* (2–4 SWS) mit einer Einführungsvorlesung und einer Übung
- *Einführung in die Bibliotheksnutzung und -arbeit* (oft nicht Pflicht, aber unbedingt empfehlenswert!)

Zwischenprüfung (zwischen dem 3. und dem 5. Semester)
Hauptstudium (4. bis frühestens 8., meist 10. Semester)
- *Wahl der Sprach- oder der Literaturwissenschaft* als Schwerpunkt und Vertiefung des allgemeinen Fachwissens und der sprachlichen Kompetenz
- *Hauptseminare und Vorlesungen*: Mindestens zwei umfangreiche Hausarbeiten müssen im Rahmen der Hauptseminare über anspruchsvolle sprach- oder literaturwissenschaftliche Themen geschrieben werden.

Examensvorbereitungen (ab dem 7./8. Semester)
- *Kolloquium* für Examenskandidaten
- *Haupt- und Oberseminare*, vor allem bei den späteren Prüfern
- *Absprache der Haus- bzw. Magisterarbeit* mit den Prüfern
- *Schreiben der Arbeit* (meist sechs Monate Zeit)
- *Absprache der Klausur- und Prüfungsthemen*

4.6 Der Stundenplan

Es ist sehr schwierig, eine Empfehlung für den Aufbau des Stundenplans für ein Slawistikstudium zu geben. Nicht nur, dass jede Universität eine eigene Studienordnung hat, sondern auch deshalb, weil es im Grunde ja nicht *das* Studium der Slawistik gibt, sondern es sich, je nachdem welche Sprache man wählt und welchen Schwerpunkt, um sehr unterschiedliche Studiengänge handelt.

Dennoch soll hier zur Orientierung ein Beispiel gegeben werden, das jedoch nicht mehr sein kann als ein Anhaltspunkt, welche Fächer und Kurse im Grundstudium gewählt werden könnten. Da der größte Teil der Slawistikstudenten Ostslawistik (Russisch) wählt, soll dies hier als Beispiel dienen. Im Hauptstudium haben die Studierenden so große Freiheit bei der Wahl ihrer Schwerpunkte und einzelnen Kurse, dass es nicht sinnvoll ist, hier ein Beispiel für einen möglichen Verlauf des Studiums zu geben.

X Beispiel

1. Semester
- *Vorlesung:* Einführung in die Literaturwissenschaft für Slawisten (LW)
- *Seminar:* Einführung in die Analyse und Beschreibung literarischer Texte (LW)
- *Übung:* Praktische phonetische Übungen I (SP)
- *Übung:* Grammatikkurs I (SP)
- *Übung:* Kommunikationskurs I (SP)

Dazu kommen noch etwa 8–10 SWS im zweiten Hauptfach bzw. in den Nebenfächern.

2. Semester
- *Vorlesung:* Einführung in die ostslawische Sprachwissenschaft und Methoden des linguistischen Arbeitens (SW)
- *Seminar:* Phonetik/Phonologie der russischen Gegenwartssprache (SW)
- *Übung:* Morphologie/Syntax der russischen Gegenwartssprache (SW)
- *Übung:* Übersetzungskurs (SP)
- *Übung:* Kommunikationskurs II (SP)

Dazu kommen noch etwa 8–10 SWS im zweiten Hauptfach bzw. in den Nebenfächern.

3. Semester
- *Vorlesung:* Neueste Entwicklungen in der russischen Gegenwartsliteratur (LW)
- *Vorlesung:* Russland heute: Einführung in Kulturstudien (LK)
- *Proseminar:* Einführung in das Altkirchenslawische (SW)
- *Übung:* Lesekurs I (SP)
- *Übung:* Praktische phonetische Übungen II (SP)
- *Übung:* Kommunikationskurs III (SP)

Dazu kommen noch etwa 8–10 SWS im zweiten Hauptfach bzw. in den Nebenfächern.

4. Semester
- *Vorlesung:* Russische Literatur im Überblick 16.–20. Jahrhundert (LW)
- *Proseminar:* Prosatheorie des russischen Formalismus (SW)
- *Übung:* Grammatikkurs II (SP)
- *Übung:* Lexikologie der russischen Gegenwartssprache (SP)
- *Übung:* Schreibkurs (SP)
- *Übung:* Komplexkurs: Russisch im Geschäftskontakt (SP)

Dazu kommen noch etwa 8–10 SWS im zweiten Hauptfach bzw. in den Nebenfächern.

4.7 Tätigkeitsfelder und Berufsperspektiven

Der Magisterstudiengang ist als „wissenschaftliche Ausbildung" angelegt, sodass sich – abgesehen von einer Tätigkeit an der Universität selbst – kein konkretes Berufsfeld aus dem Studium ergibt. Aber gerade durch die Osterweiterung der EU werden die Sprachen der neuen Beitrittsländer auch wichtiger. Studierende der Slawistik haben neben den entsprechenden Sprachkenntnissen auch Wissen über die kulturellen, politischen und wirtschaftlichen Zusammenhänge des jeweiligen Kulturraums. Neben der Arbeit als Sprachlehrer, vor allem für Unternehmen, finden sie häufig eine Anstellung im kulturellen Bereich, in den Medien und im Tourismus. Daneben ist auch eine Tätigkeit bei politischen Organisationen oder im diplomatischen Dienst möglich. Und auch wenn ein Studium der Philologie mehr auf die Auseinandersetzung mit Sprache und Literatur angelegt ist als das Studium „Übersetzen und Dolmetschen", steht dieses Berufsfeld Slawisten ebenso offen.

Die Slawistik vermittelt Kompetenzen, die, überzeugend präsentiert und durch die nötigen Zusatzqualifikationen ergänzt, mannigfache Möglichkeiten bieten, das Studium beruflich zu verwerten. Wie bei allen wissenschaftlichen Magisterstudiengängen ist es auch für Slawisten wichtig, sich frühzeitig für eine berufliche Richtung zu entscheiden und durch Praktika in Unternehmen oder bei Organisationen Erfahrungen im Berufsleben zu sammeln.

4.8 Das Studienangebot an deutschen Hochschulen

Studienort	Studiengang/-fach	Abschluss	Anmerkung
U Bamberg	Russisch	Lehramt an Gymnasien	
	Russistik	Magister	
	Slawische Philologie	Magister	
	Slawische Philologie (Süd- und Westslawistik)	Magister	nur Nebenfach
HU Berlin	Bohemistik	Magister	
	Bulgaristik	Magister	nur Nebenfach
	Polonistik	Magister	
	Russisch	Amt des Lehrers mit fachwissenschaftl. Ausbildung	Studienbeginn WS empfohlen in zwei Fächern
	Russisch	Studienrat	Studienbeginn WS empfohlen
	Russisch	Studienrat mit Erstfach Bildende Kunst oder Musik	Studienbeginn WS empfohlen; nur Zweitfach/ zweites Hauptfach
	Russistik	Magister	Studienbeginn WS empfohlen
	Serbistik/Kroatistik	Magister	

Studienort	Studiengang/-fach	Abschluss	Anmerkung
HU Berlin	Slawistik	Magister	Studienbeginn WS empfohlen
	Slowakistik	Magister	nur Nebenfach
U Bochum	Ostslavistik (Russistik)	Bachelor/Master	
	Russisch	Bachelor/Master – Lehramt an Gymnasien/ Gesamtschulen	Modellversuch gestufte Lehramtsausbildung
	Westslavistik – Polnisch	Bachelor/Master	
	Westslavistik – Tschechisch	Bachelor/Master	
U Bonn	Ostslavisch	Magister	nur in Kombination mit Hauptfach Slavistik
	Slavistik	Magister	
	Südslavisch	Magister	nur in Kombination mit Hauptfach Slavistik
	Westslavisch	Magister	nur in Kombination mit Hauptfach Slavistik
U Bremen	Polonistik	Magister	nur Nebenfach
	Russisch	Lehramt für die Sekundarstufe II	in Kooperation mit Universität Oldenburg
	Slawische Philologie	Magister	in Kooperation mit Universität Oldenburg
TU Dresden	Russisch	Lehramt an berufsbildenden Schulen	Erweiterungsprüfung möglich (Ergänzungs- bzw. Beifach, Zweit- bzw. Drittfach)
	Russisch	Lehramt an Gymnasien	
	Russisch	Lehramt an Mittelschulen	
	Slavistik	Magister	
U Erfurt	Russisch	Lehramt an Grundschulen	
	Russisch	Lehramt an Regelschulen	
U Erlangen	Russisch	Lehramt an Gymnasien	
	Slavistik	Magister	auch als Doppelfach

Studienort	Studiengang/-fach	Abschluss	Anmerkung
U Frankfurt a.M.	Ostslavische Philologie	Magister	
	Russisch	Lehramt an Gymnasien	
	Russisch	Lehramt an Haupt- und Realschulen	
	West- und Südslavische Philologie	Magister	
U Freiburg	Russland-Studien	Baccalaureus/Bachelor	
	Slavische Philologie (Ost-, West-, Südslavisch)	Magister	nur Nebenfach; auch Teilzeitstudium für bestimmte Personengruppen
	Slavistik	Baccalaureus/Bachelor	nur Hauptfach
U Gießen	Russisch	Lehramt an Gymnasien	
	Russisch	Lehramt an Haupt- und Realschulen	
	Russistik	Diplom	
	Slavische Literaturwissenschaft	Magister	
	Slavische Sprachwissenschaft	Magister	
U Göttingen	Russisch	Lehramt an Gymnasien	
	Slavische Philologie	Magister	
U Greifswald	Bohemistik	Bachelor/Magister	akkreditierter Studiengang; Magister nur Nebenfach
	Polnisch	Lehramt an Gymnasien	nur als Dritt- oder Beifach
	Polnisch	Lehramt an Haupt- und Realschulen	nur als Dritt- oder Beifach
	Polonistik	Bachelor/Magister	akkreditierter Studiengang; Magister nur Nebenfach
	Russisch	Lehramt an Gymnasien	
	Russisch	Lehramt an Haupt- und Realschulen	
	Russistik	Bachelor/Magister	akkreditierter Studiengang; Magister nur Nebenfach
	Serbokroatistik	Bachelor/Magister	akkreditierter Studiengang; Magister nur Nebenfach

Studienort	Studiengang/-fach	Abschluss	Anmerkung
U Greifswald	Slawistik	Magister	nur Hauptfach
	Ukrainistik	Bachelor/Magister	akkreditierter Studiengang; Magister nur Nebenfach
U Halle	Russisch	Lehramt an Gymnasien	
	Russisch	Lehramt an Sekundarschulen	
	Russistik	Magister	nur Hauptfach
	Slawistik	Magister	
U Hamburg	Ostslavistik (Russistik)	Bakkalaureat/Magister	
	Russisch	Lehramt an der Oberstufe – allgemein bildende Schulen	
	Südslavistik	Bakkalaureat/Magister	
	Westslavistik	Bakkalaureat/Magister	
U Heidelberg	Russisch	Lehramt an Gymnasien	
	Slavische Philologie (Literaturwissenschaft)	Magister	
	Slavische Philologie (Sprachwissenschaft)	Magister	
U Jena	Ostslawistik	Magister	
	Russisch	Lehramt an Gymnasien	
	Russisch	Lehramt an Regelschulen	
	Slawistik	Magister	
	Südslawistik	Magister	
	Westslawistik	Magister	
U Kiel	Russisch	Lehramt an Gymnasien	
	Slavische Philologie	Magister	
U Köln	Russisch	Lehramt an Gymnasien und Gesamtschulen	
	Slavische Philologie	Magister	
	Slavische Philologie – Südslavische Philologie	Magister	nur als Nebenfach zu Slavischer Philologie
	Slavische Philologie – Westslavische Philologie	Magister	nur als Nebenfach zu Slavischer Philologie
U Konstanz	Russisch	Lehramt an Gymnasien	
	Slavistik (Literaturwissenschaft)	Bachelor	

Studienort	Studiengang/-fach	Abschluss	Anmerkung
U Leipzig	Bohemistik/Slovakistik	Magister	nur Nebenfach
	Bulgaristik	Magister	nur Nebenfach
	Ostslavistik	Bakkalaureus/Magister	
	Polonistik	Magister	nur Nebenfach
	Russisch	Lehramt an Förderschulen	
	Russisch	Lehramt an Grundschulen	
	Russisch	Lehramt an Gymnasien	
	Russisch	Lehramt an Mittelschulen	
	Russistik	Magister	nur Nebenfach
	Sorbisch	Lehramt an Förderschulen	
	Sorbisch	Lehramt an Grundschulen	
	Sorbisch	Lehramt an Gymnasien	
	Sorbisch	Lehramt an Mittelschulen	
	Südslavistik	Bakkalaureus/Magister	
	Weststlavistik (Schwerpunkt Polnisch und Tschechisch)	Bakkalaureus/Magister	
U Magdeburg	Russisch	Lehramt an Gymnasien	
	Russisch	Lehramt an Sekundarschulen	
	Slavistik	Magister	
U Mainz	Polnisch	Lehramt an Gymnasien	nur Erweiterungsprüfung möglich
	Russisch	Lehramt an Gymnasien	auch deutschfranzösisches Studienprogramm mit Doppelabschluss
	Slavische Philologie	Magister	
U Mannheim	Ostslavistik	Bachelor	
	Philologie mit wirtschaftswiss. Qualifikation (Anglistik, Romanistik, Slavistik)	Diplom	
U Marburg	Russisch	Lehramt an Gymnasien	
	Russische Philologie	Magister	
	Südslawische und vergleichende slawische Philologie	Magister	
	Westslavische und vergleichende slawische Philologie	Magister	
U München	Russisch	Lehramt an Gymnasien	

Studienort	Studiengang/-fach	Abschluss	Anmerkung
U München	Slawische Philologie	Magister	
	Tschechisch	Lehramt an Gymnasien	nur nachträgliche Erweiterungsprüfung möglich
U Oldenburg	Russisch	Lehramt an Gymnasien	
	Slavistik	Magister	
U Paderborn	Russisch	Lehramt an Gymnasien und Gesamtschulen	
U Potsdam	Polnisch	Lehramt an Gymnasien	
	Polnisch	Lehramt Sekundarstufe I und Primarstufe	
	Polonistik	Magister	nur Nebenfach
	Russisch	Lehramt an Gymnasien	
	Russisch	Lehramt Sekundarstufe I und Primarstufe	
	Russistik	Magister	nur Nebenfach
	Slavistik	Magister	nur Hauptfach; Schwerpunkte: Russistik, Polonistik
U Regensburg	Russisch	Lehramt an Gymnasien	
	Russische (Ostslavische) Philologie	Bachelor/Magister	
	Südslavische Philologie (Kroatische/Serbische)	Bachelor/Master	
	Tschechisch	Lehramt an Gymnasien	nur Erweiterungsprüfung möglich
	Tschechische Philologie	Bachelor/Magister	
U Rostock	Slawische Sprachen und Kulturen	Bakkalaureus	nur Zweitfach
U Trier	Russisch	Lehramt an Gymnasien	
	Slavistik	Magister	
U Tübingen	Ostslavische Philologie	Magister	
	Russisch	Lehramt an Gymnasien	
	Südslavische Philologie	Magister	
	Westslavische Philologie	Magister	
U Würzburg	Ostslavische Philologie	Magister	
	Russisch	Lehramt an Gymnasien	
	Russische Sprache und Kultur	Bakkalaureus	
	Südslavische Philologie	Magister	
	Westslavische Philologie	Magister	

Quelle: Studien- und Berufswahl

5 Sinologie und Japanologie

5.1 Sinologie und Japanologie – was ist das?

Unter Japanologie können sich viele noch etwas vorstellen, aber was ist nun Sinologie? Beide Fächer zählen an den meisten Universitäten zu den Ostasienwissenschaften. Japanologie ist die wissenschaftliche Beschäftigung mit der Kultur und Gesellschaft Japans in seiner gesamten zeitlichen und räumlichen Ausdehnung. Die Aufgabe der Japanologie ist es, schriftliche Materialien und mündliche Informationen in der Originalsprache mit sprachwissenschaftlichen Arbeitsmethoden zu erfassen und unter Berücksichtigung der Methoden anderer wissenschaftlicher Disziplinen weiter auszuwerten. In der Praxis können, je nach Größe und Ausstattung des betreffenden Japanologischen Instituts an der Universität, nur einzelne Aspekte der japanischen Kultur schwerpunktmäßig erarbeitet werden. Einer intensiven Sprachausbildung in Japanisch kommt erste Priorität zu, da alle weiteren Arbeiten auf sehr gute Lese-, Verständnis- und Kommunikationsfähigkeiten aufbauen.

Sinologie ist die Wissenschaft von China. China hat nicht nur im Bereich der politischen Geschichte eine lange und eigenständige Tradition, sondern behauptet auch in den Bereichen der Wirtschafts-, Sozial-, Technologie-, Literatur-, Religions- und Kunstgeschichte eine von Europa weitgehend unabhängige Stellung. Durch die gegenwärtige wirtschaftliche Entwicklung steigt das Interesse an China. Der Studiengang der Sinologie bietet neben Sprachkursen in der Regel eine Einführung in die Geschichte Chinas und wissenschaftliche Arbeitsmöglichkeiten in verschiedenen Bereichen chinesischen Kulturschaffens.

Japanologie und Sinologie werden also weniger mit sprach- und/oder literaturwissenschaftlichem Schwerpunkt als die anderen in diesem Buch vorgestellten Philologien studiert. Der Fokus liegt in der Regel mehr auf kulturellen, geschichtlichen, sozialen und politischen Merkmalen des jeweiligen Kulturraums. Das Lernen der Sprache stellt jedoch den Mittelpunkt beider Studiengänge dar.

5.2 Warum Sinologie oder Japanologie studieren?

Sinologie

Die chinesische ist die älteste noch lebende Zivilisation der Erde – gemessen an einer gewissen Kontinuität von Raum und Sprache. Sinologie ist die Wissenschaft von China, aber natürlich kann man nicht einfach „ein Land studieren". Anders als bei den Philologien, die sich auf den literarischen oder sprachwissenschaftlichen Aspekt konzentrieren, kann Sinologie oder Japanologie mit verschiedenen Schwerpunkten studiert werden. Dennoch gibt es in diesen Fächern auch eine Literaturwissenschaft, die sich jedoch von denen der europäischen Sprachen stark unterscheidet. Romane gelten etwa in der chinesischen Auffassung von Literatur nicht viel. Es gilt hier, eine uns völlig neue Form der Ästhetik und „schönen Literatur" zu entdecken. In der hohen literarischen Kunst Chinas entdecken die Studierenden so reizvolle und merkwürdige Bereiche wie „Opfertexte", „Steleninschriften", „Register von Geistern" oder „Pinselaufzeichnungen", die allesamt nach speziellen Vorgaben erstellt wurden und für die wir in unserer literarischen Vergangenheit und Gegenwart kein rechtes Äquivalent finden können. Doch es kann sehr spannend sein, Klassifikationen und Bereiche zu entdecken, die auf unseren geistigen Landkarten nicht vorhanden sind.

Die Sinologie knüpft auch an den Bereich Geschichte und Volkskunde an. Ein in den letzten Jahren verstärkt beachtetes Thema ist der Kulturtransfer, das heißt die geistige und materielle Rolle Chinas in der internationalen Gemeinschaft. Weitere Aspekte, die Sinologen untersuchen können, sind die politische Struktur und die politischen Zusammenhänge Chinas, die Soziologie hingegen beschäftigt sich mit der gesellschaftlichen Struktur des Landes. Als letzter – jedoch nicht unwesentlichster – Aspekt seien nun noch die Wirtschaftswissenschaften genannt. Fragen nach dem ökonomischen System und dem landesspezifischen Umgang mit den oft knappen Gütern stehen hier im Mittelpunkt.

Die Sinologie ist also ein so breites Feld, dass es nicht möglich sein wird, sich mit allen Aspekten in einem Studium zu beschäftigen. Und deshalb kann auch nicht jede Universität alle Schwerpunkte anbieten. Interessierte sollten sich also vor Beginn des Studiums genau überlegen, in welche Richtung sie das Studium führen soll, und die Universität dann nach diesen Kriterien auswählen.

Japanologie

Ähnlich wie China hat auch Japan eine alte, reiche und von der europäischen unterschiedliche Kultur. Wie in der Sinologie steht auch in der Japanologie weder allein der Spracherwerb noch eine sprachwissenschaftliche Ausbildung im Vordergrund. Viele Universitäten konzentrieren sich in ihrer Forschung und Lehre auf einen kulturwissenschaftlichen Schwerpunkt mit den Teilbereichen Geschichte und Kulturgeschichte, Literatur, Religion und Philosophie des modernen und vormodernen Japans. Aber auch in der Japanologie ist die Konzentration auf einen Schwerpunkt nötig.

5.3 Zulassung und Abschlüsse

Die wesentlichste und grundsätzlichste Studienvoraussetzung für ein Studium an einer Universität ist die allgemeine Hochschulreife. Einige Universitäten fordern von den Studienanfängern noch keine Chinesisch- oder Japanischkenntnisse. Andere Hochschulen fordern jedoch einen ein- oder zweisemestrigen Vorbereitungskurs in der jeweiligen Sprache, bevor das eigentliche Studium aufgenommen werden kann. Nach Ende dieses Kurses – oder auch wenn Kenntnisse schon vorher vorhanden sind – werden in einer so genannten Feststellungsprüfung die Grundkenntnisse abgefragt. Oft kann man aber auch die Sprachkenntnisse erst bei der Anmeldung zur Zwischenprüfung vorweisen. Gute Englischkenntnisse sind aber in jedem Fall wichtig, da der Großteil der Fachliteratur nur in englischer Sprache zu erhalten ist. Ein Latinum bzw. Lateinkenntnisse sind nicht an allen Universitäten Studienvoraussetzungen. In Bayern beispielsweise werden Lateinkenntnisse jedoch für jeden Magisterstudiengang vorausgesetzt.

Sinologie und Japanologie werden fast immer mit einem Magister abgeschlossen. Ein Magisterstudium bezieht sich nie nur auf ein Fach. Ob man aber ein Hauptfach und zwei Nebenfächer oder „nur" zwei Hauptfächer belegen muss und wie die Fächer jeweils gewertet werden, unterscheidet sich von Hochschule zu Hochschule. An manchen Universitäten besteht nach dem Magisterstudium die Möglichkeit, mit einer Zusatzprüfung die Berechtigung zum Unterrichten an Gymnasien zu erlangen.

Einige Universitäten haben in den letzten Jahren ihre Magisterstudiengänge zu Bachelor- und Masterstudiengängen umgewandelt. Auch in der Sinologie und Japanologie gibt es die ersten dieser kürzeren und mehr auf die Wirtschaft und weniger auf die Wissenschaft ausgerichteten Studiengänge. Es ist davon auszugehen, dass noch weitere Universitäten ihre Magisterstudiengänge in diese neuen Abschlüsse umwandeln werden. Neben diesen beiden Studienabschlüssen gibt es seltener auch Diplomabschlüsse. Diese heißen dann aber nicht Sinologie oder Japanologie, sondern etwa „Regionalwissenschaften China" (z.B. an der Universität Köln). Des Weiteren bieten manche Hochschulen „Ostasienwissenschaften" an, die sich nicht nur mit einem Land, sondern dem gesamten ostasiatischen Kulturraum beschäftigen, wobei die Studierenden dann erst im Studium den Schwerpunkt auf ein Land legen.

Japanologie und Sinologie sind so weite Felder, dass an einer Universität manchmal einige verschiedene Studiengänge mit unterschiedlicher Ausrichtung angeboten werden. Die Gerhard-Mercator-Universität in Duisburg zum Beispiel bietet sechs verschiedene (Teil-)Studiengänge an:

- Diplomstudiengang Ostasienwissenschaften (mit dem Länderschwerpunkt Japan oder China)
- Studienschwerpunkt Ostasienwirtschaft im Rahmen des Diplomstudiengangs Wirtschaftswissenschaft (Ostasienwirtschaft/China oder Ostasienwirtschaft/Japan)
- Magisternebenfach Modernes Japan
- Zusatzstudiengang Ostasienwirtschaft (mit dem Länderschwerpunkt Japan oder China)
- Studienkurs Korea
- Zusatzzertifikat Gegenwartsbezogene Vietnamstudien

Eine weitere Möglichkeit ist, Sinologie oder Japanologie mit anderen Studiengängen zu verbinden. So kann beispielsweise an der Freien Universität Berlin im Rahmen des Hauptstudiums der wirtschaftswissenschaftlichen Diplomstudiengänge (BWL, VWL) Wirtschaftsjapanisch/Japans Wirtschaft als Wahlgebiet gewählt werden.

5.4 Inhalte des Fachs

Im Folgenden werden die Inhalte und der Aufbau eines Magisterstudiengangs besprochen, da der überwiegende Teil der Studierenden diesen wählt. Gleich zu Beginn des Kapitels sei noch einmal betont, dass die Inhalte der Fächer Sinologie und Japanologie an den Universitäten sehr unterschiedlich sein können – je nachdem welcher Schwerpunkt gelegt wurde. Hier kann somit nur ein Beispiel gegeben werden, welche Inhalte im Verlauf des Studiums belegt werden könnten. Bevor man sich für eine Universität entscheidet, lohnt sich auf jeden Fall ein Gespräch mit der Fachstudienberatung, um abzuklären, ob die jeweilige Universität das Fach auch nach den eigenen Wünschen lehrt.

Sinologie

Wie schon erwähnt, bezeichnet das Fach Sinologie in der deutschen Hochschullandschaft weitgehend die Wissenschaft von den Sprachen, der Literatur, der Geschichte und der Philosophie des alten und neuen Chinas. Darin enthalten sind auch Bereiche der Religion und der Kunst. Je nach Ausrichtung des Studiums beschäftigen sich die Studierenden entweder mehr mit literarischen Texten oder kulturellen und geschichtlichen Aspekten. In diesem Fall steht etwa der Kultur- und Geschichtsraum China im engeren Sinn, Chinas Rolle in Asien oder im internationalen Kontext im Mittelpunkt.

Das Handwerkszeug dafür sind Kenntnis der modernen chinesischen Sprache in Wort und Schrift, Kenntnisse der vormodernen chinesischen Schriftsprache, weiterer Fremdsprachen, Vertrautheit mit dem Diskussions- und Publikationsstand der internationalen sinologischen Forschung und mit Methoden und Theorien allgemeiner Disziplinen (Geschichtswissenschaften, Sozialwissenschaften, Politologie, Wirtschaftswissenschaften oder Sprach- und Literaturwissenschaften).

Der größte Teil des Grundstudiums wird mit dem Erlernen der klassischen oder der modernen chinesischen Sprache verbracht. Daneben werden einführende Vorlesungen und Seminare zur Literatur, Geschichte und Landeskunde besucht. Im Hauptstudium beschäftigen sich die Studierenden meist zunächst mit leichten und dann mit schwereren klassischen und historischen Texten, die gelesen und interpretiert werden.

Japanologie

Japanologie ist die wissenschaftliche Beschäftigung mit der Kultur und Gesellschaft Japans in seiner gesamten zeitlichen und räumlichen Ausdehnung. Japanologie studieren heißt also, sich intensiv mit Japan zu beschäftigen, sich mit Sprache und Kultur des gegenwärtigen wie des vormodernen Japans auseinander zu setzen. Grundlage dafür ist die Beherrschung der japanischen Sprache. Im Gegensatz zum Studium der Sinologie, in dem häufig schon Kenntnisse der chinesischen Sprache bei Studienbeginn gefordert werden, sind diese in der Japanologie meist nicht nötig.

In den ersten Semestern liegt das Hauptgewicht auf dem Erlernen der Sprache, erst dann kommen nach und nach mehr Vorlesungen zu Landeskunde, Geschichte, Religion- und Geistesgeschichte und Sprachwissenschaft dazu. Am Ende des Studiums wird von den Studierenden die Fähigkeit, moderne oder vormoderne Texte ins Deutsche zu übersetzen und zu interpretieren, erwartet. Sie sollen einen Überblick über die Bereiche Landeskunde, Geschichte, Religion- und Geistesgeschichte, Sprachwissenschaft mit Kenntnis der wichtigsten Quellen und Sekundärliteratur haben und für die Magisterarbeit in der Lage sein, sich intensiv mit einem Bereich zu beschäftigen und ein begrenztes „Problem" aufgrund von Quellen selbstständig zu bearbeiten.

Wie auch in der Sinologie wird Japanologie nicht an allen Hochschulen mit dem gleichen Schwerpunkt studiert. Die einen legen mehr Wert auf die sprachwissenschaftliche, also philologische Ausrichtung, die anderen auf eine mehr kulturwissenschaftlich geprägte Sicht. Allen gemein ist, dass sie ihren Studierenden eine tiefere Einsicht in den Kulturraum vermitteln wollen.

5.5 Der Stundenplan

Aufgrund der verschiedenen Schwerpunkte, die in Japanologie und Sinologie gelehrt werden, ist es fast unmöglich, einen für die meisten Studierenden repräsentativen Stundenplan vorzustellen. Dazu kommt, dass der Stundenplan sich grundsätzlich aus der an der jeweiligen Hochschule geltenden Studienordnung und den gerade aktuell angebotenen Vorlesungen ergibt. Der folgende Stundenplan kann also nur zur groben Orientierung dienen. Als Beispiel ist hier die Japanologie gewählt, der Aufbau der Sinologie ist jedoch ähnlich.

✗ Beispiel

1. Semester
- *Vorlesung:* Einführung in die moderne japanische Hochsprache
- *Seminar:* Einführung in die Japanologie
- *Übung:* Japanisch I
- *Übung:* Grammatikkurs I
- *Übung:* Interkulturelle Kommunikation

Dazu kommen noch etwa 8–10 SWS im zweiten Hauptfach bzw. in den Nebenfächern.

2. Semester
- *Vorlesung:* Einführung in die japanische Geschichte I – Vom Altertum zur Meiji-Restauration
- *Seminar:* Einführung in die japanische Geschichte I – Vom Altertum zur Meiji-Restauration
- *Übung:* Hilfsmittel der Japanologie
- *Übung:* Japanisch II
- *Übung:* Kanji-Übung

Dazu kommen noch etwa 8–10 SWS im zweiten Hauptfach bzw. in den Nebenfächern.

3. Semester
- *Vorlesung:* Wirtschafts- und Technikgeschichte des modernen Japans (ca. 1850–1945)
- *Proseminar:* Aspekte des modernen Japans – Geschichte, Nation, Identität (SW)
- *Übung:* Japanisch III
- *Übung:* Landeskunde Japans
- *Übung:* Kommunikationskurs III

Dazu kommen noch etwa 8–10 SWS im zweiten Hauptfach bzw. in den Nebenfächern.

4. Semester
- *Vorlesung*: Kulturwissenschaft – Geschichte und Strukturen des Shintô
- *Proseminar:* Moderne Meisterwerke
- *Übung:* Japanisch IV
- *Übung:* Japanische Schriftgeschichte und kalligraphische Übungen
- *Übung:* Konversation
- *Übung:* Übersetzung Japanisch-Deutsch

Dazu kommen noch etwa 8–10 SWS im zweiten Hauptfach bzw. in den Neben-fächern.

Im Hauptstudium sind die Wahlmöglichkeiten der Studierenden so groß, dass es wenig sinnvoll wäre, hier einen Beispielstundenplan darzustellen.

5.6 Tätigkeitsfelder und Berufsperspektiven

Sinologen und Japanologen stehen ähnliche Berufsfelder und Chancen offen, wie allen Geisteswissenschaftlern. Im Studium haben sie gelernt, Probleme systematisch zu bewältigen, und gelten daher als vielfach einsetzbar, z.b. in staatlichen und politischen Dienststellen, Verlagen, Zeitungs- und Zeitschriftenredaktionen, Stiftungen, Parteien, kulturellen Institutionen, als Dolmetscher, in der Erwachsenenbildung, im Tourismus und nicht zuletzt auch in der Wirtschaft.

Die genannten Einrichtungen verfügen häufig auch über Arbeitsbereiche, die direkt mit China oder Japan zu tun haben: Ein Verlag kann eine Spezialisierung auf Ostasien anstreben, eine Stiftung ein Programm zur Förderung der deutsch-asiatischen wissenschaftlichen Zusammenarbeit auflegen, eine Partei Bedarf an einem China- oder Japanreferenten haben oder eine Zeitung Korrespondenten benötigen. Natürlich steht Absolventen der Sinologie und der Japanologie auch eine wissenschaftliche Karriere an der Universität offen. Doch diesen Weg schlagen nur wenige ein.

Für alle Studierende der Geisteswissenschaften gilt: Es ist sehr sinnvoll, sich frühzeitig zu überlegen, in welche Richtung man seinen beruflichen Weg gehen will, und sich entsprechende Praxiserfahrungen zu holen. Zum einen verbessern Praktika im Lebenslauf die Berufsaussichten enorm, zum anderen erlebt man nicht so leicht böse Überraschungen, wenn man erst nach dem Ende des Studiums feststellt, dass der „Traumberuf" vielleicht doch keiner ist.

5.7 Das Studienangebot an deutschen Hochschulen

Sinologie

Studienort	Studiengang/-fach	Abschluss	Anmerkung
FU Berlin	Chinesische Sprache	Magister	nur Nebenfach in Verbindung mit Sinologie als 1. Hauptfach
	Sinologie	Magister	Studienbeginn WS empfohlen
HU Berlin	Sinologie	Magister	
U Bochum	Sinologie	Bachelor/Master	
U Bonn	Sinologie	Magister	
U Erlangen	Sinologie	Magister	
U Frankfurt a. M.	Sinologie	Magister	Studienbeginn WS empfohlen
U Freiburg	Sinologie	Magister	auch Teilzeitstudium für bestimmte Personengruppen
U Göttingen	Sinologie	Magister	
U Hamburg	Sinologie I/Sprache und Literatur	Magister	
	Sinologie II/Staat und Gesellschaft	Magister	
U Heidelberg	Sinologie I (Klassische Sinologie)	Magister	
	Sinologie II (Moderne Sinologie)	Magister	
U Köln	Regionalwissenschaften Ostasien/Schwerpunkt China	Diplom	Studienbeginn WS empfohlen
	Sinologie – Älteres China	Magister	Studienbeginn WS empfohlen
	Sinologie – Modernes China	Magister	Studienbeginn WS empfohlen
U Leipzig	Sinologie	Magister	
U Marburg	Sinologie	Magister	
U München	Chinesisch	Lehramt an Gymnasien	nur nachträgliche Erweiterungsprüfung möglich
	Sinologie	Magister	Studienbeginn WS empfohlen
U Münster	Sinologie	Magister	
U Trier	Sinologie	Magister	
U Tübingen	Sinologie	Bachelor of Arts/Master	
	Sinologie	Magister	
U Würzburg	Modern China	Bachelor	
	Sinologie	Magister	
Quelle: Studien- und Berufswahl			

Japanologie

Studienort	Studiengang/-fach	Abschluss	Anmerkung
FU Berlin	Japanologie	Magister	
HU Berlin	Japanologie	Magister	
U Bochum	Japanologie	Bachelor/Master	Schwerpunkte: Japanische Sprache, Japanische Geschichte
U Bonn	Japanologie	Magister	Studienbeginn WS empfohlen
	Regionalwissenschaft Japan	Magister	Studienbeginn WS empfohlen
U Duisburg	Modernes Japan	Magister	nur Nebenfach
U Düsseldorf	Modernes Japan	Bachelor/Magister	
U Erlangen	Japanologie	Magister	
U Frankfurt a. M.	Japanologie	Magister	
U Göttingen	Japanologie	Magister	
U Halle	Japanologie	Magister	
U Hamburg	Japanologie	Magister	
U Heidelberg	Japanologie	Magister	
U Köln	Japanologie	Magister	Studienbeginn WS empfohlen
U Leipzig	Japanologie	Magister	
U Marburg	Japanische Sprache	Magister	nur Nebenfach
	Japanische Sprache und Kultur	Magister	nur Nebenfach
	Japanwissenschaften	Magister	Studienbeginn WS empfohlen
U München	Japanisch	Lehramt an Gymnasien	nur nachträgliche Erweiterungsprüfung möglich
	Japanologie	Magister	
U Trier	Japanologie	Magister	
U Tübingen	Japanologie	Bachelor of Arts/Master	
	Japanologie	Magister	
U Würzburg	Japanologie	Magister	
Quelle: Studien- und Berufswahl			

6 Übersetzen und Dolmetschen

6.1 Übersetzen und Dolmetschen – was ist das?

Nachdem nun die sprachwissenschaftlichen Studiengänge vorgestellt wurden, darf natürlich auch die angewandte Sprachwissenschaft nicht fehlen. Übersetzer und Dolmetscher analysieren nicht die Entstehung der Sprache oder interpretieren literarische Werke, sondern konzentrieren sich auf die praktische Verwendung der Sprache. Dolmetscher/innen und Übersetzer/innen beherrschen mehrere Sprachen möglichst perfekt. Sie sollen (Konferenz-)Gespräche oder geschriebene Texte möglichst inhaltsgetreu übersetzen. Machen sie das mündlich, so nennt man sie Dolmetscher, machen sie es schriftlich, so spricht man vom Übersetzen.

Bei Dolmetschern, die bei Sitzungen oder Konferenzen aller Art mitwirken, kommt es auf die Schnelligkeit und die Genauigkeit der Übersetzung an. Von (Fach-)Übersetzern, die Fachtexte aller Art wie Sachbücher, Zeitschriften- und Zeitungsartikel, Rundfunksendungen oder geschäftlichen Briefverkehr übersetzen, erwartet man die Beachtung formaler und stilistischer Gesichtspunkte. Dafür ist literarisches Gespür notwendig. Daneben brauchen sie natürlich auch einen Grundstock an Wissen über die jeweiligen Fachgebiete, die sie übersetzen, sei das nun Technik, Recht, Wirtschaft oder Medizin. Literarische Übersetzer übertragen Romane, Hörspiele, Gedichte oder Theaterstücke ins Deutsche. Für diese Arbeit sollten sich Studierende auch mit den philologischen, also sprachwissenschaftlichen, Aspekten der jeweiligen Sprachen beschäftigen.

6.2 Warum Übersetzen und/oder Dolmetschen studieren?

Bei dem Entschluss, Übersetzer oder Dolmetscher zu werden, ist das Interesse an Fremdsprachen und fremden Kulturen sicherlich für die meisten der entscheidende Beweggrund. Wer eine große Vorliebe für die Arbeit und das „Spielen" mit Sprache hat und zudem Freude am kreativen Schreiben, wird sich in diesem Studium wahrscheinlich wohl fühlen. Voraussetzung für das Übersetzen in andere Sprachen ist aber auch eine überdurchschnittliche Beherrschung der Muttersprache. Gerade für das Dolmetschen ist zudem eine schnelle Auffassungsgabe sehr wichtig, denn Dolmetscher müssen in der Lage sein, nahezu gleichzeitig das, was sie hören, in der anderen Sprache wiederzugeben.

Das Übersetzer- und/oder Dolmetscherstudium beschränkt sich jedoch nicht nur auf das perfekte Erlernen der Sprache. Auf dem Stundenplan stehen neben der sprachpraktischen Ausbildung auch Vorlesungen und Seminare zu den sozialen und kulturellen Begebenheiten des jeweiligen Kulturraums. Daneben müssen die Studierenden auch bereit sein, sich mit „trockenen" Fachbereichen wie Technik, Wirtschaft und Jura auseinander zu setzen. Wer „nur" eine Fremdsprache lernen möchte, ist vielleicht von der Fülle der Fächer irritiert. Das Studium der Sprachen dient nicht zur Ergänzung irgendwelcher anderer Kompetenzen oder Studienfächer, sondern bildet die Grundlage für die Arbeit als Übersetzer und/oder Dolmetscher und geht spätestens ab dem Hauptstudium weit über das normale Erlernen der Sprache hinaus. Übersetzen ist nämlich mehr als nur ein Eins-zu-eins-Übertragen von Wörtern. Die genaue Kenntnis von Wortschatz, Grammatik, Satzstruktur und eine gewisse Kulturkompetenz sind für die Arbeit essenziell. Mit Kulturkompetenz ist die jeweils kulturtypische sprachliche Gestaltung, also die Wortwahl gemeint. Ein einfaches Beispiel: Für eine richtige Übersetzung des Begriffs *New York Times* muss man wissen, dass es sich hierbei um eine Zeitung handelt und nicht etwa um die „New-York-Zeiten".

Wie wichtig die sprachliche Kompetenz für das Übersetzen ist, ist auch an der Leistung von Übersetzungsprogrammen zu erkennen. Durch komplizierte Programmierungen verfügen sie über einen riesigen Wortschatz und über die Grundregeln des Satzbaus in der jeweiligen Sprache. Das allein reicht aber für eine gute Übersetzung nicht aus!

6.3 Zulassung und Abschlüsse

Übersetzen und Dolmetschen sind die einzigen Studiengänge in diesem Buch, die nicht nur an einer Universität, sondern auch an einer Fachhochschule studiert werden können. Daneben gibt es aber auch die Möglichkeit einer Ausbildung zum Übersetzer und/oder Dolmetscher an einer Berufsfachschule oder Fachakademie. Berufsfachschulen und Fachakademien können in der Regel mit einem mittleren Schulabschluss besucht werden. Die Ausbildungsdauer ist unterschiedlich und abhängig von der Bildungseinrichtung und von der Ausbildungssprache (oder den Ausbildungssprachen). Bei Vollzeitunterricht beträgt die schulische Ausbildungsdauer pro Sprache neun bis zwölf Monate, je nach Anzahl der gewählten Sprachen insgesamt also ein bis drei Jahre. An den Fachakademien in Bayern beträgt die Ausbildungszeit drei Jahre. In diesem Buch liegt der Fokus jedoch auf den Studiengängen, deshalb kann hier nicht weiter auf die Ausbildung an Berufsfachschulen und Fachakademien eingegangen werden.

Studium an der Fachhochschule: Voraussetzung für ein Studium an einer Fachhochschule ist entweder die allgemeine Hochschulreife, die fachgebundene Hochschulreife, die Fachhochschulreife oder eine andere vom Kultusministerium als gleichwertig anerkannte Vorbildung. Die Vorkenntnisse in den angestrebten Sprachen sollten sich auf fünf bis sieben Schuljahre beziehen, wobei dies nur für die Schulsprachen (Englisch und Französisch) gilt. In den übrigen Sprachen beginnt das Studium mit dem Erlernen der Sprache. An einigen Fachhochschulen gibt es für die Studiengänge Diplom-Fachübersetzer und Diplom-Dolmetscher lokale Zulassungsbeschränkungen. Wie im allgemeinen Teil dieses Buchs erwähnt, ändert sich die für die Zulassung benötigte Abschlussnote oder die Anzahl der benötigten Wartesemester von Semester zu Semester, da sie von der Anzahl der Bewerber abhängen. Das Studium an der FH hat eine Regelstudienzeit von acht Semestern. Fachhochschulen bieten meist Diplomstudiengänge an, jedoch werden an einigen Fachhochschulen derzeit auch die neuen Abschlüsse Bachelor und Master eingeführt.

Studium an der Universität: Hier ist die Voraussetzung die allgemeine Hochschulreife oder ein als gleichwertig anerkannter Abschluss. In den Sprachfächern Englisch und Französisch (den traditionellen Schulsprachen) werden Kenntnisse vorausgesetzt. Nicht alle Hochschulen haben die gleichen Anforderungen. Die einen verlangen mindestens Grundkursniveau am Gymnasium, die anderen mindestens sieben Jahre aufsteigenden Unterricht. In den Nichtschulsprachen haben Studierende an manchen Hochschulen die Möglichkeit, „bei null" anzufangen, an anderen Hochschulen können sie die für das Studium notwendigen Vorkenntnisse in einem einsemestrigen Vorstudium erwerben. Studienanfänger, die bereits Kenntnisse in diesen Sprachen mitbringen, sei es durch Zusatzkurse in der Schule, Auslandsaufenthalte oder weil sie vielleicht zweisprachig aufgewachsen sind, müssen diese nachweisen. Hierfür haben die verschiedenen Universitäten unterschiedliche Regelungen, die den jeweiligen Studienordnungen zu entnehmen sind.

Viele Universitäten haben einen lokalen Numerus clausus. Wie hoch dieser jeweils ist, lässt sich im Vorhinein nicht sagen, da er immer von der Anzahl der Bewerber abhängt. Wie die Chancen stehen, erfährt man in der Zulassungsstelle der jeweiligen Universität. Einige Hochschulen haben auch ein internes Auswahlverfahren eingeführt, bei dem die Studierenden nach ihren Sprachkenntnissen und ihrer Studienmotivation ausgewählt werden. Die Regelstudienzeit variiert an den Hochschulen zwischen acht und neun Semestern. An den meisten Universitäten schließt man das Studium mit einem Diplomabschluss ab. Einige Hochschulen bieten einen verkürzten Studiengang zum akademisch geprüften Übersetzer an. In sechs Semestern wird hier ein dem Fachhochschulabschluss vergleichbarer Abschluss erlangt.

✔ Mögliche Studienabschlüsse

- Diplom-Dolmetscher/in (FH)
- Diplom-Fachübersetzer/in (FH)
- Diplom-Technikübersetzer/in (FH)
- Bachelor des Fachdolmetschens
- Internationale Kommunikation und Übersetzen (BA)
- Diplom-Übersetzer/in
- Diplom-Fachübersetzer/in
- Akademisch geprüfte/r Übersetzer/in

6.4 Inhalte des Fachs

Einleitend sei hier gesagt, dass sich die einzelnen Studiengänge aus dem Fachbereich Übersetzen und Dolmetschen gewaltig unterscheiden können. Zum einen sind die Studiengänge an Universitäten und an Fachhochschulen jeweils anders ausgerichtet, zum anderen ist natürlich auch die universitäre Ausbildung zum Fachübersetzer eine andere als die zum literarischen Übersetzer oder die zum Konferenzdolmetscher. Allen Studiengängen gemein ist die intensive Sprachausbildung, in der meist in vier verschiedene Kompetenzen unterschieden wird: Lesen, Schreiben, Hören und Sprechen. In der praktischen Arbeit von Übersetzern und Dolmetschern überschneiden sich diese Fähigkeiten. Zum Beispiel soll ein Text in einer Sprache gelesen und in einer anderen neu geschrieben oder spontan mündlich wiedergegeben werden. Um zu verdeutlichen, was man unter diesen vier Kompetenzen versteht, sollen sie hier kurz vorgestellt werden.

Lesekompetenz: Studienanfänger sollen in der Lage sein, authentische Texte allgemeiner Art ohne häufigen Einsatz von Hilfsmitteln wie Wörterbüchern in der jeweiligen Fremdsprache zu lesen und zu verstehen. Dafür sind ein großer Wortschatz sowie Kenntnisse über die Bildung der Wörter und die Satzstruktur wichtig. Die Grundlagen hierfür werden schon im Schulunterricht vermittelt.

Schreibkompetenz: Sie ist das „aktive" Pendant zur Lesekompetenz. Die Kenntnisse des Wortschatzes, der Bildung der Wörter und des Satzbaus müssen auch angewendet werden können. Das Aufsatzschreiben in der Schule schafft hierfür wichtige Voraussetzungen.

Hörverstehen: So nennt man die zweite „passive" Kompetenz. Es wird vorausgesetzt, dass die Studienanfänger allgemeine Diskussionen oder auch Monologe in der Fremdsprache verstehen können. Diese Kompetenz kommt oft in der Schule etwas zu kurz. Als „Nachhilfe" kann man sich Filme in der Originalversion oder Hörspiele in der jeweiligen Fremdsprache anhören.

Sprechkompetenz: Sie ist die zweite „aktive" Kompetenz. Es wird vorausgesetzt, dass sich die Studienanfänger zu allgemeinen Themen flüssig ausdrücken können. Wer Lücken im Wortschatz hat, sollte in der Lage sein, sich durch Umschreibung des Sachverhalts zu behelfen.

Diese Vorkenntnisse gelten jedoch – wie schon erwähnt – nur für die „Schulsprachen". Bei allen anderen Sprachen werden diese Kompetenzen im Studium erlernt und perfektioniert.

An der Fachhochschule wird meist nur eine Sprache studiert, manche Fachhochschulen bieten jedoch auch zwei Sprachen an (z.b. Englisch und Tschechisch in Görlitz). Der Fokus liegt hier verstärkt auf einem zusätzlichen Sachfach wie Wirtschaft, Jura oder Technik. An der Universität ist die Auswahl der möglichen Sprachen größer (Arabisch, Chinesisch, Deutsch, Englisch, Französisch, Italienisch, Neugriechisch, Niederländisch, Portugiesisch, Polnisch, Russisch, Spanisch, Tschechisch). Hier studiert man in der Regel auch nicht nur eine Sprache, sondern mindestens zwei. Doch nicht jede Universität bietet alle Sprachen an. Welche Sprache an welcher Hochschule studiert werden kann, ist am Ende dieses Kapitels in der Übersicht der Studienangebote zu finden.

Da jede Universität und jede Fachhochschule ihren Studiengang mit einem anderen Schwerpunkt gestaltet, sollen hier drei Beispiele gegeben werden, welche Inhalte und Ausrichtungen ein Studiengang aus dem Fachbereich Übersetzen und Dolmetschen haben kann. Vor der Einschreibung lohnt sich aber auf jeden Fall ein Besuch auf den Internetseiten der infrage kommenden Hochschulen, um sicherzugehen, dass dort auch der gewünschte Schwerpunkt angeboten wird.

Im Gegensatz zu den philologischen Studiengängen, die sich überwiegend mit Fragestellungen der Sprach-, Literatur- und Kulturwissenschaften beschäftigen, vermittelt das Übersetzerstudium auf sprach- und kulturwissenschaftlichen Grundlagen vor allem die Fähigkeit zur systematischen Erschließung moderner Texte verschiedener Fachrichtungen und zu ihrer wissenschaftlich begründeten Formulierung in der zu übersetzenden Sprache – der so genannten Zielsprache. Zusätzlich besuchen die Studierenden meist Seminare und Vorlesungen zur Landeskunde.

Literaturübersetzen an der Universität Düsseldorf

Der Diplomstudiengang ist – als Vollstudiengang und das Sprachenspektrum betreffend – einmalig in Europa und will Literaturübersetzern eine den Berufsanforderungen adäquate Ausbildung vermitteln. Die Ausbildung erfolgt, der gängigen Berufspraxis entsprechend, in zwei Ausgangssprachen sowie der Zielsprache

Deutsch. An Ausgangssprachen gewählt werden können: Englisch, Französisch (eine der beiden zwingend), Italienisch und Spanisch – also die auf dem Übersetzungsmarkt meistgefragten Sprachen. Der Studiengang legt großen Wert auf einen ausgewogenen Praxis- und Theoriebezug. Er enthält übersetzungsrelevante Teilbereiche der Literatur- und Sprachwissenschaft, wobei – den Bedürfnissen des Buchmarkts folgend – der Studienschwerpunkt auf Veranstaltungen zu Sprache und Literatur des 20. Jahrhunderts liegt. Hinzu kommt ein berufsspezifischer Kernbereich: Übersetzungspraktische Übungen an den wichtigsten Textsorten wie Erzählprosa oder Sprechtexte, Übersetzungsvergleich, Übersetzungstheorie und -geschichte, Berufskunde, Theorie und Praxis des Schreibens.

Übersetzen und Dolmetschen an der Universität Heidelberg
Möglich sind hier drei verschiedene Abschlüsse: Diplom-Übersetzer/in, Diplom-Dolmetscher/in oder Akademisch Geprüfter Dolmetscher (Kurzstudiengang). Alle drei umfassen ein Studium in zwei Fremdsprachen und einem Ergänzungsfach. Die Sprachen werden jeweils in Beziehung zur Grundsprache Deutsch mit kulturwissenschaftlichen Studien zu den betreffenden Sprachgebieten gelehrt. Im Studiengang Akademisch Geprüfter Übersetzer erfolgt nach der Diplom-Vorprüfung eine Konzentration auf eine der beiden Fremdsprachen. Dazu kommt ein Ergänzungsfach aus dem Bereich der Rechtswissenschaft (Völkerrecht, Staatsrecht, Allgemeine Staatslehre, Internationale Organisationen, Verwaltungsrecht, Handelsrecht), der Wirtschaftswissenschaften (Volkswirtschaftslehre, Betriebswirtschaftslehre, Finanzwissenschaft, Wirtschaftsgeschichte) oder der Medizin. Darüber hinaus wird ein Ergänzungsfach Medizin und in Kooperation mit der FH Mannheim ein Ergänzungsfach Technik angeboten. Als Fremdsprachen können Englisch, Französisch, Italienisch, Portugiesisch, Russisch und Spanisch gewählt werden.

Technikübersetzen an der Fachhochschule Flensburg
Neben der Konzentration auf das Erlernen der englischen Sprache (hier werden keine anderen Sprachen angeboten) liegt ein weiterer Schwerpunkt auf einem Sachfach. Für die Studierenden werden besondere Technikvorlesungen angeboten. Im ersten Jahr werden Themen aus den Bereichen Maschinenbau, Materialkunde und Mechanik behandelt. Elektrotechnik, Elektronik und EDV sind der Hauptstoff der Technikvorlesungen des dritten und vierten Semesters. Diese Fachveranstaltungen vermitteln ein Basiswissen, das die Studierenden in die Lage versetzt, sich in ein technisches Gebiet einzuarbeiten, damit aus einem Verständnis für das Thema heraus eine korrekte Übersetzung erstellt werden kann. Die informationstechnologischen Hilfsmittel moderner Dokumentationsarbeit und speziell die Softwarehilfsmittel der Übersetzungstätigkeit sind Gegenstand der Studienkomponente Sprachdatenverarbeitung. Online-Informationsrecherche, datenbankge-

stützte Terminologieverwaltung, Webgestaltung und Softwarelokalisierung gehören zu den Themen, die theoretisch und praktisch erarbeitet werden. Ein Auslandsjahr in einem englischsprachigen Land ist in das Studium integriert. Während der Studienphase werden landeskundliche, technische und sprachliche Kenntnisse erweitert. Im anschließenden Praktikum können dann berufspraktische Kenntnisse in einem Betrieb und Erfahrungen mit dem Berufsleben im Ausland gesammelt werden.

6.5 Aufbau und Ablauf des Studiums

Im letzten Kapitel wurde deutlich, wie unterschiedlich Studiengänge aus dem Fachbereich Übersetzen und Dolmetschen sein können. Deshalb kann an dieser Stelle auch kein für alle Studiengänge gültiger „Ablaufplan" gegeben werden. Zur Orientierung werden dennoch ein möglicher Studienaufbau an einer Fachhochschule und einer Universität vorgestellt.

Studienaufbau an der Fachhochschule

Das Grundstudium dauert üblicherweise vier Semester und schließt mit der Vordiplomprüfung ab. An der Fachhochschule haben die Studierenden mehr Unterrichtseinheiten als an der Universität. Der Unterricht ist verschulter und in der Regel ist genau festgelegt, in welchem Semester welche Veranstaltung zu besuchen ist. Den Ablauf kann man sich im Fach Technikübersetzen etwa so vorstellen:

X Beispiel

Grundstudium (1. bis 4. Semester)
- *Übersetzungssystematik:* 8 SWS (mit Vorlesungen und Übungen)
- *Fachübersetzen:* 4 SWS (mit Vorlesungen und Übungen)
- *Technik I: Maschinenbau:* 12 SWS (mit Vorlesungen und Übungen)
- *Technik II: Elektrotechnik:* 12 SWS (mit Vorlesungen und Übungen)
- *Sprachdatenverarbeitung:* 16 SWS (mit Vorlesungen und Übungen)
- *Englisch:* 12 SWS (mit Vorlesungen und Übungen)
- *Deutsch:* 12 SWS (mit Vorlesungen und Übungen)
- *Übersetzungslehre:* 4 SWS
- *Terminologielehre:* 4 SWS
- *Landeskunde:* 8 SWS
- *Exkursion:* 2 SWS

Vordiplomprüfung im Anschluss an das 4. Semester
Auslandsaufenthalt und Praxissemester (5. und 6. Semester)
Dabei absolviert man ein Semester an einer Universität im Ausland und anschließend ein mehrmonatiges berufliches Praktikum.
Hauptsstudium (7. und 8. Semester)

- *Übersetzungssystematik II:* 4 SWS
- *Fachübersetzen II:* 8 SWS (mit Vorlesungen und Übungen)
- *Technik III:* 6 SWS
- *Schwerpunktfächer Technik/Wirtschaft:* 6 SWS
- *Sprachdatenverarbeitung:* 8 SWS
- *Übersetzungslehre:* 4 SWS
- *Terminologielehre:* 4 SWS
- *Verhandlungsdolmetschen:* 4 SWS
- *Landeskunde III:* 4 SWS
- *Diplomarbeit:* 6 SWS

Studienaufbau an der Universität

An der Universität haben die Studierenden mehr Freiheiten bei der Gestaltung des Stundenplans als an der Fachhochschule. Oft ist lediglich festgelegt, welche Kurse im Laufe des Grund- und Hauptstudiums belegt werden müssen, aber nicht in welchem Semester. In der Sprachausbildung ergibt sich die Reihenfolge der Kurse jedoch von selbst. Obwohl auch hier der Studienaufbau nur Beispielcharakter hat, da jede Universität über eine eigene Studienordnung verfügt, gilt für alle, gleich welcher Abschluss, dass das Studium in zwei Teile gegliedert ist. Das Grundstudium dauert vier Semester und schließt mit einer Vordiplomprüfung ab. Erst im Hauptstudium, das ebenfalls vier Semester dauert, unterscheiden sich die verschiedenen Studiengänge. Ausnahme in Sachen Studiendauer sind die akademisch geprüften Übersetzer. Diese schließen ihr Studium schon nach insgesamt sechs Semestern ab.

Folgender Studienaufbau bezieht sich auf ein Studium für Diplom-Übersetzer. Diplom-Dolmetscher besuchen statt der Übersetzungsübungen Dolmetschübungen, ansonsten haben sie in der Regel die gleichen Vorlesungen und Seminare wie die Übersetzer.

X Beispiel

Grundstudium (1. bis 4. Semester)

- *Erste Fremdsprache*
  Einführung in die erste Fremdsprache: 2 SWS
  Gemeinsprachliche Übersetzung Fremdsprache-Deutsch: 2 SWS
  2 Seminare zu den Kultur- und Sozialwissenschaften (Landeskunde des Gebiets der ersten Fremdsprache): 4 SWS
  Übungen zur Einführung in die erste Fremdsprache: 8 SWS
  Mündliche Übungen: 8 SWS
  Übersetzung in die Fremdsprache: 2 SWS
- *Zweite Fremdsprache*
  Einführung in die Sprachpraxis der zweiten Fremdsprache: 2 SWS
  Seminar o. Übung Kultur- und Sozialwissenschaften (Landeskunde des Gebiets der zweiten Fremdsprache): 2 SWS
- *Wahlpflichtnebenfach (Jura, BWL, Politik etc.)*
  Einführung in die wissenschaftlichen Grundlagen: 2 SWS
  Seminar oder Übung: 2 SWS
- *Pflichtnebenfach Sprach- und Übersetzungswissenschaft*
  Einführung in die sprach- und übersetzungswissenschaftlichen Grundlagen der ersten und zweiten Fremdsprache: 4 SWS
  Seminar oder Übung zu den sprach- und übersetzungswissenschaftlichen Grundlagen der ersten und zweiten Fremdsprache: 4 SWS

Vordiplomprüfung zwischen dem 3. und 5. Semester

Hauptstudium (7. und 8. Semester)

- *Erste Fremdsprache*
  2 Seminare oder Übungen Übersetzen Fremdsprache-Deutsch (Gemeinsprache und Fachsprache): 4 SWS
  Seminare oder Übungen Übersetzen Deutsch-Fremdsprache (Gemeinsprache und Fachsprache): 4 SWS
  2 Hauptseminare zu den kultur- und sozialwissenschaftlichen Grundlagen: 4 SWS
  Aufsatzübung: 2 SWS
  Fremdsprachliche Vorlesung zu den kultur- und sozialwissenschaftlichen Grundlagen: 2 SWS
  Mündliche Übung: 2 SWS
- *Zweite Fremdsprache*
  Übung Übersetzen Fremdsprache-Deutsch und Deutsch-Fremdsprache: 2 SWS
  Seminar oder Übung zur Landeskunde: 2 SWS
  Seminar zur fachspezifischen Textanalyse: 2 SWS

- *Wahlpflichtnebenfach*
  2 Seminare: 4 SWS
  Übung: 2 SWS
- *Pflichtnebenfach*
  Je ein Seminar oder eine Übung im Bereich der ersten und der zweiten Fremdsprache: 4 SWS

6.6 Der Stundenplan

Wie schon an anderen Stellen in diesem Buch erwähnt, ergibt sich der Stundenplan aus den Vorgaben der jeweiligen Studienordnung und der konkret im jeweiligen Semester angebotenen Lehrveranstaltungen. So ist es nicht möglich, einen für alle Studierenden verbindlichen oder beispielhaften Stundenplan vorzustellen, da allein an einer Universität nicht jedes Semester die gleichen Vorlesungen und Seminare angeboten werden. Etwas anders verhält es sich an Fachhochschulen. Da diese mehr „verschult" sind, gilt für Studierende an Fachhochschulen meist ein für alle verbindlicher Stundenplan, der sich jedoch auch von Fachhochschule zu Fachhochschule unterscheidet. Weil sich aber hinter dem Überbegriff Übersetzen und Dolmetschen so viele einzelne Studiengänge verstecken, soll hier davon abgesehen werden, einen konkreten Stundenplan vorzustellen.

6.7 Tätigkeitsfelder und Berufsperspektiven

Übersetzern und Dolmetschern bietet sich nach dem Hochschulstudium ein breites Spektrum an Tätigkeitsfeldern. Sei es bei exportorientierten Unternehmen, internationalen Institutionen oder bei Bundes- und Landesbehörden. Vor Gericht und bei der Polizei arbeiten öffentlich bestellte Dolmetscher. Übersetzer arbeiten außerdem in Sprachendiensten sowie als Fachübersetzer in der Industrie, als Lektoren in Verlagen, in den Bereichen Medien oder in der Touristik.

Allerdings sollten sich Übersetzer und Dolmetscher darüber im Klaren sein, dass sie aufgrund der schnellen Veränderungen auf dem Arbeitsmarkt auch nach dem Hochschulabschluss regelmäßig an Weiterbildungsveranstaltungen teilnehmen müssen. Hier muss man sich etwa über Neuerungen in der Fach-, Gerichts- und Behördenterminologie ebenso auf dem Laufenden halten wie in Landeskunde oder sprach- und literaturwissenschaftlichen Entwicklungen. Wichtig ist es auch, sich aktuell über relevante Hilfsmittel wie Nachschlagewerke, Wörterbücher und Terminologiedatenbanken zu informieren. Die Notwendigkeit des Lernens wird mit dem Studienabschluss also nicht beendet sein, sondern sich durch das ganze Berufsleben ziehen.

Was Fachhochschulabsolventen den Universitätsabsolventen voraushaben, ist die praktische Erfahrung. Sie sammeln schon während des Studiums ein Jahr praktische Erfahrungen im In- oder Ausland. Studierende an Universitäten müssen und sollten sich in der Regel selbst um Praktika in ihrer vorlesungsfreien Zeit kümmern. Oft gibt es aber an den Hochschulen so genannte Praxisreferate oder Career-Services, die bei der Vermittlung von geeigneten Stellen helfen.

Wer seine fachlichen Kompetenzen über den Hochschulabschluss hinaus erweitern will, kann sich je nach Zielsetzung beruflich weiterqualifizieren. Zum Beispiel durch ein Aufbau-, Ergänzungs- oder Zusatzstudium etwa im Bereich Internationale Wirtschaftsbeziehungen oder in Linguistischer Datenverarbeitung. Daneben besteht insbesondere bei Absolventen universitärer Studiengänge die Möglichkeit der Promotion und Habilitation.

Durch Übernahme, Gründung oder Beteiligung an einem Übersetzungs- bzw. Dolmetscherbüro können sich Dolmetscher und Übersetzer selbstständig machen.

6.8 Das Studienangebot an deutschen Hochschulen

Universitäten

Studienort	Studiengang/-fach	Abschluss	Anmerkung
HU Berlin	Interkulturelle Fach-kommunikation	Diplom	
	Übersetzen	Diplom	
U Bonn	Übersetzen	Diplom	Sprachen des Nahen, Mittleren und Fernen Ostens; Englisch und Französisch als Zweitsprache möglich
U Düsseldorf	Literaturübersetzen	Diplom	
U Flensburg	Kultur- und Sprach-mittler/in	Diplom	integriertes Basisstudium

Universitäten

Studienort	Studiengang/-fach	Abschluss	Anmerkung
U **Flensburg**			mit dänischem Bachelor-Abschluss
U Germersheim Mainz	Übersetzen/Dolmetschen	Diplom	Bachelor nur in Kombination mit einem weiteren Fach
U Halle	Fachübersetzen (englisch, polnisch)	Magister	nur Nebenfach
U Heidelberg	Akademisch geprüfter Übersetzer		Diplom
	Übersetzen und Dolmetschen		Diplom
U Hildesheim	Internationale Fachkommunikation	Diplom	international ausgerichteter Studiengang; Sprachen: Engl., Franz., Span.; Sachfächer: Elektrotechnik, Maschinenbau
	Internationale Fachkommunikation – Sprachen und Technik	M.A.	
	Internationale Kommunikation und Übersetzen	B.A.	akkreditierter, international ausgerichteter Studiengang
U Leipzig	Übersetzen	Diplom	
U Saarbrücken	Übersetzen/Dolmetschen	Diplom	Engl., Franz., Span., Ital., Russ., Deutsch (f. frankophone Stud.)
Quelle: Studien- und Berufswahl			

Fachhochschulen

Studienort	Studiengang/-fach	Abschluss	Anmerkung
FH Flensburg	Technikübersetzen	Diplom (FH)	
FH Köln	Mehrsprachige Kommunikation	Bachelor	Englisch, Französisch oder Spanisch
	Sprachen und Wirtschaft	Bachelor	Englisch, Französisch; europäischer Studiengang
FH Konstanz	Angewandte Weltwirtschaftssprachen	Diplom (FH)	internationaler Studiengang (Chinesisch, Indonesisch)
FH Köthen	Fachübersetzen	Diplom (FH)	Englisch, zweite Fremdsprache i.V. mit einem Sachfach
FH Leipzig	Wirtschaftsübersetzen	Diplom (FH)	Fernstudium
FH Magdeburg	Fachdolmetschen bei Behörden, Gerichten und im Gesundheitswesen	Bachelor	
	Fachkommunikation	Diplom (FH)	
FH München	Übersetzen und Dolmetschen	Diplom (FH)	nur Hauptstudium möglich, besondere Zugangsvoraussetzungen
FH Zittau	Übersetzen Englisch/Polnisch	Diplom (FH)	
	Übersetzen Englisch/Tschechisch	Diplom (FH)	
FH Zwickau	Wirtschaftshispanistik	Diplom (FH)	
	Wirtschaftsromanistik	Diplom (FH)	
	Wirtschaftssinologie	Diplom (FH)	
Quelle: Studien- und Berufswahl			

7 Zusatzqualifikationen

7.1 Auslandsaufenthalt

Ein Semester im Ausland zu studieren oder ein Praktikum in einem anderen Land zu absolvieren, bietet die Möglichkeit, interkulturelle, berufsspezifische und sprachliche Kompetenzen für den globalen Arbeitsmarkt zu gewinnen. Das gilt für Studierende aller Fachrichtungen, aber natürlich ganz besonders für Studierende fremder Sprachen. Jeder Absolvent einer modernen Fremdsprache sollte einen längeren Zeitraum in dem Land verbringen, dessen Sprache er studiert. Dennoch schreiben nur die wenigsten Universitäten dies ihren Studierenden verbindlich vor. Deshalb ist einiges an Eigeninitiative nötig, um einen studienbezogenen Auslandsaufenthalt zu organisieren. Trotzdem sollte sich jeder darüber im Klaren sein, dass sich dieser Aufwand in jedem Fall lohnen wird. Es gibt eine große Breite an Organisationen und Informationsstellen, die Studierenden bei der Planung und Finanzierung des Studienaufenthalts helfen können. Deshalb kann hier nur im begrenzten Rahmen auf die grundsätzlichen Möglichkeiten und Vorüberlegungen eingegangen werden.

Grundsätzliche Überlegungen zum Auslandsaufenthalt

Bevor man mit der Vorbereitung eines Auslandsaufenthalts beginnen kann, muss man sich darüber klar sein, zu welchem Zeitpunkt und für wie lange man ins Ausland gehen will, ob man dies individuell oder im Rahmen eines Gruppenprogramms tun will und ob es für einen Studienaufenthalt oder ein Praktikum sein soll.

Zeitpunkt und Dauer
Es gibt drei Zeitpunkte, um ein Auslandsstudium anzustreben. Gleich nach dem Abi, während des Studiums oder erst nach dem Studienabschluss an einer deutschen Hochschule. Wer gleich nach dem Abitur im Ausland studieren will, muss die Sprache des jeweiligen Landes gut beherrschen. Viele Schulabgänger, die sich aufgrund ihrer Abiturnote und eines Numerus clausus nicht sofort für ihr gewünschtes Fach einschreiben können, nutzen die Wartezeit mit einem oder mehreren Semestern im Ausland. Wer nicht gleich studieren, aber nach dem Abitur seine Sprachkenntnisse verbessern will oder einfach neue Erfahrungen sammeln möchte, kann zum Beispiel als Aupair Kinder hüten, ein Praktikum absolvieren oder jobben. Viele Länder bieten jungen Menschen befristete Arbeitsgenehmigungen an, sodass sie ihren Aufenthalt durch kleine Jobs im Gastland mitfinanzieren können.

Für die, die während des Studiums eine Zeit im Ausland verbringen wollen, stellt sich die Frage, wann der beste Zeitpunkt dafür ist. Am sinnvollsten ist der Auslandsaufenthalt, wenn man sich schon einen groben Überblick über das Fachgebiet verschafft hat. Das heißt etwa vom dritten Semester an oder noch besser nach dem Grundstudium. Die nächste Frage, die sich stellt, ist wie lange der Aufenthalt dauern soll, sodass er für das Studium in Deutschland, für die Verbesserung von Sprachkenntnissen sowie für ein Kennenlernen der fremden Kultur am sinnvollsten ist. In der Regel geht man entweder für ein oder zwei Semester an eine Hochschule ins Ausland.

Die dritte Alternative ist, ein so genanntes Postgraduierten- oder auch Aufbaustudium, das man nach dem Abschluss an der deutschen Hochschule beginnen kann. Damit ist es möglich, die im Studium gewonnenen Kenntnisse über das Fachgebiet noch weiter zu vertiefen oder den deutschen Abschluss mit einem anderen Fach zu ergänzen. Man muss übrigens für ein Postgraduiertenstudium im Ausland nicht zwingend einen deutschen Universitätsabschluss haben. In vielen Ländern reicht es, wenn man zu Hause an der Uni drei Jahre studiert hat. Deshalb lohnt es sich, sich vorher schlau zu machen, ob man den Auslandaufenthalt eventuell mit dem Erwerb eines Mastertitels im Ausland kombinieren kann.

Selbst organisierter Aufenthalt oder Teilnahme an einem Austauschprogramm
Grundsätzlich gibt es zwei Alternativen bei der Organisation eines Auslandsaufenthalts. Entweder im Rahmen eines Austauschprogramms oder man sucht sich eine Hochschule aus und nimmt das Ganze selbst in die Hand. Wer sich für ein Austauschprogramm entscheidet, dem stehen auch grundsätzlich zwei Arten offen. Gerade für Studierende moderner europäischer Fremdsprachen bieten sich einige Programme der Europäischen Union an. Das für den Bereich Bildung und Forschung relevanteste ist das Programm SOKRATES. Daneben gibt es das Programm LEONARDO DA VINCI für den Bereich Berufsbildung und Praktika und das Sprachlernprogramm LINGUA. SOKRATES und LEONARDO DA VINCI sind nicht mehr nur ausschließlich auf den Bereich der EU beschränkt, sondern beziehen auch eine Reihe assoziierter Länder in Nord- und Osteuropa mit ein. Für Studierende der Slawistik ist auch das Programm TEMPUS von Bedeutung, das die Beziehungen zu den Staaten Osteuropas und Westasiens fördert. Für Studierende der Romanistik kann das Programm ALFA für Aufenthalte in Lateinamerika relevant sein. Und schließlich seien noch die USA- und Kanadaprogramme den Anglisten und Amerikanisten ans Herz gelegt. Insofern fördert die EU also durchaus Studien auch außerhalb Europas. Eine Teilnahme an den EU-Programmen SOKRATES oder TEMPUS bietet Studierenden nicht nur ein kleines Teilstipendium, sondern vor allem einen Studienplatz, und erübrigt eine direkte Bewerbung bei der anvisierten Hochschule. Eventuell ermöglicht sie sogar ein Studium an einer besonders angesehenen Hochschule, zumal die Studiengebühren, die in vielen Ländern zu zahlen wären, in der Regel bei diesen Programmen übernommen werden.

Neben dem geringeren Aufwand als bei einer Eigenbewerbung an einer Hochschule im Ausland haben die EU-Programme noch einen weiteren Vorteil: Die Anerkennung der Studienleistungen ist geregelt. Dennoch sollte man sich – sicher ist sicher – eine schriftliche Bestätigung darüber einholen. Die Programme bieten Informationen über die Zielhochschulen, Hilfestellungen bei der Wohnungssuche und bei allen anderen organisatorischen Fragen. Infos über diese Programme gibt es entweder bei einem Dozenten aus dem eigenen Fachbereich oder beim Akademischen Auslandsamt der eigenen Hochschule.

Neben den EU-Programmen gibt es noch eine Reihe anderer Stipendienprogramme, die auch Studienplätze vermitteln. Über diese gibt der Deutsche Akademische Austauschdienst (http://www.daad.de) Auskunft. Und schließlich seien auch noch hochschuleigene Austauschprogramme erwähnt. Fast alle Hochschulen haben Partneruniversitäten im Ausland, mit denen sie verschiedene Formen des Austausches organisieren. Ein Vorteil der Programme der Heimathochschule ist, dass meist die Kompatibilität der Studiengänge in inhaltlicher und formaler Hinsicht, also die Anerkennung der Studienleistungen betreffend, gesichert ist.

Wer ein bestimmtes Ziel – aus privaten oder studienrelevanten Gründen – im Auge hat, für das es kein Austauschprogramm gibt, ist darauf angewiesen, sich seinen Auslandsaufenthalt selbst zu organisieren. Man ist in diesem Fall freier bei der Auswahl, muss jedoch auch mit mehr Aufwand bei der Organisation und der Studienanerkennung rechnen. Bei der Planung und Finanzierung helfen aber auch das Akademische Auslandsamt der eigenen Universität oder man wendet sich an den DAAD, der einige Stipendien anbietet, die nicht an eine bestimmte Hochschule gebunden sind.

Alternative zum Studium: ein Praktikum im Ausland
Wer sich einen längeren Studienaufenthalt im Ausland aus zeitlichen oder finanziellen Gründen nicht leisten kann oder wer statt des Studiums lieber praktische Erfahrungen im Ausland sammeln will, entscheidet sich häufig für ein Auslandspraktikum. Hilfe bei der Suche nach einer geeigneten Stelle geben Dozenten aus dem jeweiligen Fachbereich, die Auslandsabteilungen deutscher Firmen oder Handelskammern. Da aber die vermittelnden Organisationen in der Regel keine Zuschüsse zu den Kosten geben, kann man versuchen, die Lebenshaltungskosten mit einer Praktikantenvergütung zu decken. Hier sei aber gleich gesagt, dass bezahlte Praktika im Ausland eher die Ausnahme als die Regel sind. Doch es besteht die Möglichkeit, Zuschüsse beim DAAD, beim EU-Programm LEONADO DA VINCI, bei der Carl-Duisburg-Gesellschaft, der Deutschen Gesellschaft für Technische Zusammenarbeit, der Studienstiftung des Deutschen Volkes, beim Deutsch-Französischen Jugendwerk oder etwa beim Büro Führungskräfte zu Inter-

nationalen Organisationen (BFIO) zu beantragen. Teilweise besteht auch die Möglichkeit, eine BAföG-Unterstützung zu erhalten. Allerdings nur dann, wenn das Praktikum in der Studienordnung vorgeschrieben ist.

Besonders interessant für Sprachstudenten: eine Tätigkeit als Lehrerassistent für Deutsch an einer Schule im Ausland, die durch den pädagogischen Austauschdienst vermittelt wird. Wer ein ganzes Schuljahr als Lehrerassistent arbeitet, kann alle für das Lehramtsstudium nötigen Praktika auf einmal im Ausland ableisten.

 **Studitipp:** Wie wäre es mit einem Sommerstudium in den Semesterferien? Amerikanische und britische Hochschulen bieten sechs- bis zwölfwöchige Fachkurse in den Sommerferien ihrer Studierenden an. Gerade in Hinsicht auf die horrenden Studiengebühren können sich viele einen Jahresaufenthalt nicht leisten. Die Summer Sessions bieten die Möglichkeit, an einem Kurs zu reduzierten Kosten mit Abschlusszertifikat und Leistungskontrollen teilzunehmen.

Voraussetzungen

Um am Studium einer Hochschule im Ausland sinnvoll teilnehmen zu können, muss natürlich die Sprache ausreichend beherrscht werden. Für Sprachstudierende sollte das ja nun eigentlich auch kein Problem darstellen. Dennoch verlangen viele ausländische Hochschulen vor der Aufnahme des Studiums den Nachweis entsprechender Sprachkenntnisse, für den meist eine besondere Form vorgeschrieben ist. Der wichtigste Sprachtest für den angloamerikanischen Sprachraum ist sicherlich der TOEFL-Test (Test of English as a Foreign Language, http://www.toefl.org), der an Sprachinstituten an den Hochschulen, an privaten Sprachschulen oder in den Kulturinstitutionen der jeweiligen Länder absolviert werden kann. Für andere Sprachen gelten verschiedene Regelungen, die am besten beim Auslandsbeauftragten im eigenen Fachbereich zu erfragen sind.

Ansprechpartner und Adressen

Akademisches Auslandsamt: Jede Universität hat ein Akademisches Auslandsamt, das Studierende bei der Planung eines studienbezogenen Auslandsaufenthalts berät. An Fachhochschulen übernimmt meist das Hochschulamt diese Aufgabe.

Botschaften der Gastländer: Hier bekommt man Infos über Studien-, Praktikums- und Stipendienangebote, aber auch über Einreisebestimmungen.

Bundesministerium für Bildung und Forschung, Hochschulrektorenkonferenz und Kultusministerkonferenz: Bei diesen Stellen sind Informationen über die Anerkennung von im Ausland erbrachten Studienleistungen zu bekommen. Internet: http://www.bmbf.de (Bundesministerium), http://www.hrk.de (Hochschulrektorenkonferenz), http://www.kmk.de (Kultusministerkonferenz).

Council on International Educational Exchange e.V. (CIEE)
Thomas-Mann-Str. 33, 53111 Bonn, Tel. (02 28) 98 36 00
E-Mail: InfoGermany@ciee.org, Internet: http://www.ciee.org

Deutsch-Französisches Jugendwerk (DFJW)
Molkenmarkt 1, 10179 Berlin, Tel. (0 30) 28 87 57-0
Internet: http://www.dfjw.org

Deutscher Akademischer Austauschdienst (DAAD)
Kennedyallee 50, 53175 Bonn, Tel. (02 28) 8 82-0
E-Mail: postmaster@daad.de, Internet: http://www.daad.de
Er ist eine Einrichtung der deutschen Hochschulen und hat die Aufgabe, Studenten bei ihren Auslandsaufenthalten durch Stipendien zu unterstützen.

EU-Programme: Die Programme mit den Namen SOKRATES, LEONARDO DA VINCI und TEMPUS fördern Studien- und Praktikumsaufenthalte im Ausland. Informationen über die Programme gibt es im jeweiligen Auslandsamt und beim DAAD.

Fachbereiche: Da Auslandsaufenthalte für Studierende der Sprach- und Literaturwissenschaften von großer Bedeutung sind, gibt es in den Fachbereichen meist mehrere Ansprechpartner: die Fachstudienberater, Koordinatoren von Auslandsprogrammen, Dozenten oder die jeweilige Fachschaft.

Internationale Jugendgemeinschaftsdienste e.V. (IJGD-Workcamps)
Kasernenstr. 48, 53111 Bonn, Tel. (02 28) 2 28 00-0, E-Mail: ijgd.bonn@ijgd.de

InWEnt – Internationale Weiterbildung und Entwicklung GmbH
Tulpenfeld 5, 53113 Bonn, Tel. (02 28) 24 34-5, E-Mail: info@inwent.org
Internet: http://www.inwent.org
Zusammenschluss der Carl-Duisberg-Gesellschaft (CDG) und der Deutschen Stiftung für internationale Entwicklung (DSF).

Kulturinstitutionen wie das British Council, das Institut Francais oder die Amerikahäuser: Sie informieren über Studien- und Praktikumsangebote sowie Stipendienmöglichkeiten im jeweiligen Land. Internet: http://www.amerikahaus.de bzw. http://www.britishcouncil.de

Private Austauschorganisationen: Das sind gewinnorientiert arbeitende Unternehmen, die für einen häufig nicht gerade geringen Preis die Organisation des Studien- und Praktikumsaufenthalts oder eines Sprachkurses im Ausland übernehmen.

Studentenwerke: Sie sind zuständig für das Auslands-BAföG.
Internet: http://www.studentenwerk.de

Zentralstelle für Arbeitsvermittlung (ZAV)
53107 Bonn, Tel. (01 80 5 22 20 23)
E-Mail: infoHotline-Ausland@arbeitsamt.de, Internet: http://www.zav.de

7.2 Praktika

International ausgerichtete Konzerne schätzen Philologen wegen ihrer interkulturellen Kompetenzen und Sprachgewandtheit. Gefragt sind dabei vor allem Kenntnisse in Englisch, Französisch und Spanisch, in geringerem Maße auch Italienisch und Portugiesisch. Wichtig für den Berufseinstieg in die freie Wirtschaft sind zum einen Zusatzqualifikationen wie z.b. im Internet- und Multimediabereich oder in Betriebswirtschaft, aber vor allem Praxiserfahrung, z.b. durch studienbegleitende Jobs oder Praktika. Ein Praktikum ist der beste Weg, um einmal unverbindlich in einen Beruf hineinzuschnuppern und erste Einblicke in die Arbeitsgebiete des anvisierten Berufsfelds zu erhalten. Außerdem kann man Kontakte zu einem möglichen späteren Arbeitgeber knüpfen.

Aber nun stellt sich die Frage: Wie kommt man zu dem begehrten Job? Viele Hochschulen vermitteln in so genannten Praxisreferaten oder Career-Services Praktika. Der Weg dorthin lohnt sich in jedem Fall, da die universitären Einrichtungen gute Kontakte zu zahlreichen Unternehmen und Behörden pflegen und wissen, welche Arbeit im jeweiligen Praktikum auf die Studierenden zukommt. Daneben gibt es vor allem im Internet eine fast unüberschaubare Anzahl von Praktikumsbörsen. Hier ist es in der Regel möglich, nach Studiengebieten und Orten zu suchen.

Die meisten Praktikantenstellen werden mit einem geringen Betrag entlohnt. Pro Monat kann man häufig mit 200 bis 400 Euro rechnen. Es kann aber auch sein, dass ein Unternehmen – je nach Vorkenntnissen des Bewerbers oder der Anzahl der Nachfrager – bedeutend mehr oder auch gar nichts zahlt. Ob man es sich leisten kann, ohne Bezahlung seine Semesterferien zu verbringen, und ob das, was man in dem Praktikum lernt, die fehlende Bezahlung ausgleicht, muss man individuell entscheiden.

Grundsätzlich sei gesagt: Es ist nie zu früh, in die Welt der Praxis einzusteigen. Für besonders begehrte Praktikumsstellen – etwa bei den Goetheinstituten oder Handelskammern – ist es häufig nötig, sich ein Jahr vor dem gewünschten Praktikumsbeginn zu bewerben. Und auch wenn es einmal mit einer Bewerbung nicht klappt: Allein die Suche und die Bewerbung um ein Praktikum bringen viele wichtige Erfahrungen – schließlich läuft das später bei der Jobsuche auch nicht anders. Optimal wären zwei bis drei Praktika während des Studiums, die jeweils mindestens vier Wochen – besser noch zwei bis drei Monate dauern. Kürzere Praktika bringen meist kaum etwas. Das erste Praktikum sollte man nach Möglichkeit schon vor der Zwischenprüfung absolvieren. Die anderen dann in der zweiten Hälfte des Studiums.

Surftipps vom Uni-Nerd:
- http://www.unicum.de (über 4000 Praktika aus 50 Branchen)
- http://www.jungekarriere.com („Meta-Suchmaschine" – auf Knopfdruck werden acht Praktikumsbörsen auf einmal durchsucht)
- http://www.jobpilot.de (eines der größten Jobportale in Deutschland mit einem riesigen Angebot in Sachen Praktika)
- http://www.arbeitsagentur.de (Praktikumsbörse des Arbeitsamts)
- http://www.europarl.eu.int/stages/default.html (Praktika beim Europäischen Parlament)
- http://www.eurogate2000.de (Eurogate ist eine Initiative der Bundesregierung. Unter ihrem Dach hat sich eine Vielzahl von Partnern zusammengefunden)
- http://www.jobware.de (Berufportal mit zahlreichen Praktikumsangeboten)

7.3 Soft Skills

Neben ihrer im Studium erworbenen „handwerklichen Fähigkeiten" werden Geisteswissenschaftler, zu denen die Sprach- und Literaturwissenschaftler gehören, von Arbeitgebern auch aufgrund ihrer so genannten Soft Skills geschätzt. Unter diesem Begriff fasst man „Persönlichkeitsfaktoren", die im Gegensatz zu den so genannten „Hard Skills" nicht aus Fachwissen bestehen, zusammen. Soft Skills sind zwischenmenschliche Kompetenzen wie z.B. Kontakt- und Kommunikationsfähigkeit, Fähigkeit im Zuhören, Einfühlungsvermögen, Teamfähigkeit und Verhandlungsgeschick. Bis zu einem gewissen Grad sind sie erlernbar, zum großen Teil sind sie aber von Erfahrungen abhängig. Wer beispielsweise ein sprachwissenschaftliches Studium, Auslandspraktika und Praxiserfahrungen hinter sich gebracht hat, zeigt einem Unternehmen, dass er gelernt hat, sich durch die unterschiedlichsten Situationen „durchzubeißen" und dabei für die berufliche Zukunft wichtige Fähigkeiten erlernt hat. Denn immer wieder war es nötig, zu organisieren, mit Menschen zu kommunizieren und seine Ziele durchzusetzen. Und genau diese Fähigkeiten sind neben den „Hard Skills", also bei Sprachwissenschaftlern dem Beherrschen der Sprache und dem Wissen über Land und Leute im jeweiligen Kulturraum, besonders wichtig. Gerade für Quereinsteiger – und das sind Sprachwissenschaftler in vielen Bereichen – stellen Soft Skills aus Sicht der Unternehmen eine entscheidende Befähigung dar, sich in eigentlich fachfremden Bereichen zurechtzufinden.

✔ Checkliste: Die wichtigsten Soft Skills

- Teamfähigkeit: In der Arbeitswelt findet sich der Trend zur Projektarbeit in Teams. Kooperation und Koordination sind für ein zielorientiertes Arbeiten entscheidend. In der Universität haben Sprach- und Literaturwissenschaftler häufig in Gruppen gearbeitet oder gemeinsam Referate vorbereitet.
- Kommunikationsstärke: Die Fähigkeit, Gedanken und Ideen mit anderen Menschen auszutauschen und auch fachfremden Mitarbeitern begreiflich zu machen, wird durch Referate und durch Diskussionen in Seminaren geschult.
- Belastbarkeit/Durchhaltevermögen: Im Studium wie auch später im Berufsleben müssen Projekte (in der Uni beispielsweise Hausarbeiten) unter Zeitdruck angefertigt werden oder man muss sich durch Unmengen von Stoff vor einer Prüfung arbeiten. Wer während des Studiums gelernt hat, mit diesen „Stresssituationen" umzugehen, wird sie auch im Beruf meistern können.
- Problemlösungskompetenz: Sprach- und Literaturwissenschaftler sind gewöhnt, in ihrem Studium aus den verschiedensten Blickwinkeln an Probleme heranzugehen. Diese Kompetenz wird ebenfalls in vielen Branchen geschätzt.
- Zu den „weichen Fähigkeiten" zählen weiterhin Organisationsfähigkeit, Flexibilität, Mobilität, emotionale Intelligenz, Motivation, Durchsetzungsvermögen, Kreativität oder analytisches Denken.

In der Regel gibt es keine Kurse oder Belege dafür, dass man diese Fähigkeiten während seines Studiums erworben hat. Abgesehen vielleicht von vereinzelt angebotenen Kommunikationsseminaren, die einem dann schwarz auf weiß Soft Skills bescheinigen. Wer sich aber klar macht, welche dieser Fähigkeiten er warum beherrscht, und das auch seinem potenziellen Arbeitgeber vermitteln kann, hat bei der Jobsuche gute Karten.

Anhang

Adressen der Hochschulen

Rheinisch-Westfälische Technische Hochschule Aachen (RWTH)
Templergraben 55, 52056 Aachen
Internet: http://www.rwth-aachen.de
Zentrale Studienberatung:
Tel. (02 41) 80 40 50

Universität Augsburg
Universitätsstraße 2, 86159 Augsburg
Internet: http://www.uni-augsburg.de
Zentrale Studienberatung:
Tel. (08 21) 5 98 51 46

Otto-Friedrich-Universität Bamberg
Kapuzinerstraße 16, 96045 Bamberg
Internet: http://www.uni-bamberg.de
Zentrale Studienberatung:
Tel. (09 51) 8 63 10 50

Universität Bayreuth
Universitätsstraße 30, 95440 Bayreuth
Internet: http://www.uni-bayreuth.de
Zenrale Studienberatung:
Tel. (09 21) 55 52 43

Freie Universität Berlin
Kaiserswerther Straße 16-18, 14195 Berlin
Internet: http://www.fu-berlin.de
Zentrale Studienberatung:
Tel. (0 30) 8 38 52 36

Humboldt-Universität Berlin
Unter den Linden 6, 10099 Berlin
Internet: http://www.hu-berlin.de
Zentrale Studienberatung:
Tel. (0 30) 2 09 31 55

Technische Universität Berlin
Straße des 17. Juni 135, 10623 Berlin
Internet: http://www.tu-berlin.de
Zentrale Studienberatung:
Tel. (0 30) 31 42 56 06

Universität Bielefeld
Universitätsstraße 25, 33615 Bielefeld

Internet: http://www.uni-bielefeld.de
Zentrale Studienberatung:
Tel. (05 21) 1 06 30 14

Ruhr-Universität Bochum
Universitätsstraße 150, 44801 Bochum
Internet: http://www.ruhr-uni-bochum.de
Zentrale Studienberatung:
Tel. (02 34) 7 00 24 35

Rheinische Friedrich-Wilhelms-Universität Bonn
Regina-Pacis-Weg 3, 53113 Bonn
Internet: http://www.uni-bonn.de
Zentrale Studienberatung:
Tel. (02 28) 73 70 80

Technische Universität Carolo-Wilhelmina
Pockelsstraße 14, 38106 Braunschweig
Internet: http://www.tu-braunschweig.de
Zentrale Studienberatung:
Tel. (05 31) 3 91 43 41

Universität Bremen
Bibliothekstraße 1, 28359 Bremen
Internet: http://www.uni-bremen.de
Zentrale Studienberatung:
Tel. (04 21) 2 18 95 95

Technische Universität Chemnitz
Straße der Nationen 62, 09107 Chemnitz
Internet: http://www.tu-chemnitz.de
Zentrale Studienberatung:
Tel. (03 71) 5 31 16 37

Technische Universität Darmstadt
Karolinerplatz 5, 64289 Darmstadt
Internet: http://www.tu-darmstadt.de

Universität Dortmund
August-Schmidt-Straße 4, 44227 Dortmund
Internet: http://www.uni-dortmund.de
Zentrale Studienberatung:
Tel. (02 31) 7 55 23 45

Technische Universität Dresden
Mommsenstraße 13, 01069 Dresden
Internet: http://www.tu-dresden.de
Zentrale Studienberatung:
Tel. (03 51) 4 63 60 63

Universität Duisburg-Essen
Standort Duisburg: Lotharstraße 65
47048 Duisburg
Internet: http://www.uni-duisburg.de

Gerhart-Mercator-Universität
Gesamthochschule Duisburg
Lotharstraße 65, 47057 Duisburg
Zentrale Studienberatung:
Tel. (02 03) 3 79 23 11

Heinrich-Heine-Universität Düsseldorf
Universitätsstraße 1, 40225 Düsseldorf
Internet: http://www.uni-duesseldorf.de
Zentrale Studienberatung:
Tel. (02 11) 8 11 43 80

Katholische Universität Eichstätt-Ingolstadt
Ostenstraße 26, 85072 Eichstätt
Internet: http://www.ku-eichstaett.de

Universität Erfurt
Nordhäuser Straße 63, 99089 Erfurt
Internet: http://www.uni-erfurt.de
Zentrale Studienberatung:
Tel. (03 61) 7 37 10 55

Friedrich-Alexander-Universität Erlangen-Nürnberg
Schloßplatz 4, 91054 Erlangen
Internet: http://www.uni-erlangen.de
Zentrale Studienberatung:
Tel. (0 91 31) 8 52 39 76

Universität Duisburg-Essen
Standort Essen: Universitätsstraße 2
45141 Essen
Internet: http://www.uni-essen.de
Zentrale Studienberatung:
Tel. (02 01) 1 83 20 14

Universität Flensburg
Mürwiker Straße 77, 24943 Flensburg
Internet: http://www.uni-flensburg.de
Zentrale Studienberatung:
Tel. (04 61) 3 13 01 16

Fachhochschule Flensburg
Kanzleistraße 91–93, 24943 Flensburg

Internet: http://www.fh-flensburg.de
Zentrale Studienberatung:
Tel. (04 61) 80 52 15

Europa-Universität Viadrina Frankfurt
Große Scharnstraße 31, 15230 Frankfurt
Internet: http://www.euv.frankfurt.de
Zentrale Studienberatung:
Tel. (03 35) 5 53 42 07

Johann Wolfgang Goethe-Universität
Frankfurt am Main
Senkenberganlage 31, 60054 Frankfurt a.M.
Internet: http://www.uni-frankfurt.de
Zentrale Studienberatung:
Tel. (0 69) 79 81

Pädagogische Hochschule Freiburg
Kunzenweg 21,79117 Freiburg
Internet: http://www.ph-freiburg.de
Zentrale Studienberatung:
Tel. (07 61) 2 03 42 46

Albert-Ludwig-Universität Freiburg
Fahnenbergplatz, 79098 Freiburg
Internet: http://www.uni-freiburg.de
Zentrale Studienberatung:
Tel. (07 61) 2 03 42 46

Justus-Liebig-Universität Gießen
Ludwigstraße 23, 35390 Gießen
Internet: http://www.uni-giessen.de
Zentrale Studienberatung:
Tel. (06 41) 9 91 62 23

Georg-August-Universität Göttingen
Wilhelmsplatz 1, 37073 Göttingen
Internet: http://www.uni-goettingen.de
Zentrale Studienberatung:
Tel. (05 51) 39 74 93

Ernst-Moritz-Arndt-Universität Greifswald
Domstraße 11, 17487 Greifswald
Internet: http://www.uni-greifswald.de
Zentrale Studienberatung:
Tel. (0 38 34) 86 12 81

**Martin-Luther-Universität
Halle-Wittenberg**
Universitätsplatz, 06108 Halle
Internet: http://www.uni-halle.de
Zentrale Studienberatung:
Tel. (03 45) 55-2 13 01

Universität Hamburg
Edmund-Siemers-Allee 1, 20146 Hamburg
Internet: http://www.uni-hamburg.de
Zentrale Studienberatung:
Tel. (0 40) 42 83 82-5 22

Universität Hannover
Welfengarten 1, 30167 Hannover
Internet: http://www.uni-hannover.de
Zentrale Studienberatung:
Tel. (05 11) 7 62 55 87

Pädagogische Hochschule Heidelberg
Keplerstraße 87, 69120 Heidelberg
Internet: http://www.ph-heidelberg.de
Zentrale Studienberatung:
Tel. (0 66 21) 47 70

Ruprecht-Karls-Universität Heidelberg
Grabengasse 1, 69117 Heidelberg
Internet: http://www.uni-heidelberg.de
Zentrale Studienberatung:
Tel. (0 62 21) 54 23 07

Universität Hildesheim
Marienburger Platz 22, 31141 Hildesheim
Internet: http://www.uni-hildesheim.de
Zentrale Studienberatung:
Tel. (0 51 21) 88 31 61

Friedrich-Schiller-Universität Jena
Fürstengraben 1, 07740 Jena
Internet: http://www.uni-jena.de
Zentrale Studienberatung:
Tel. (0 36 41) 93 11 20

Pädagogische Hochschule Karlsruhe
Bismarckstraße 10, 76133 Karlsruhe
Internet: http://www.ph-karlsruhe.de
Zentrale Studienberatung:
Tel. (07 21) 93 53

Universität Kassel
Mönchebergstraße 19, 34109 Kassel
Internet: http://www.uni-kassel.de
Zentrale Studienberatung:
Tel. (05 61) 8 04 22 09

Christian-Albrechts-Universität Kiel
Ohlshausenstraße 40, 24118 Kiel
Internet: http://www.uni-kiel.de
Zentrale Studienberatung:
Tel. (04 31) 8 80 74 40

Universität Koblenz-Landau
Rheinau 1, 56056 Koblenz
Internet: http://www.uni-koblenz-landau.de
Zentrale Studienberatung:
Tel. (02 61) 9 11 90

Fachhochschule Köln
Claudiusstraße 1, 50678 Köln
Internet: http://www.fh-koeln.de
Zentrale Studienberatung:
Tel. (02 21) 82 75 21 59

Universität zu Köln
Albertus-Magnus-Platz, 50923 Köln
Internet: http://www.uni-koeln.de
Zentrale Studienberatung:
Tel. (02 21) 4 70 37 89

Universität Konstanz
Universitätsstraße 10, 78464 Konstanz
Internet: http://www.uni-konstanz.de
Zentrale Studienberatung:
Tel. (0 75 31) 88 36 36

Fachhochschule Konstanz
Brauneggerstraße 55, 78462 Konstanz
Internet: http://www.fh-konstanz.de
Zentrale Studienberatung:
Tel. (0 75 31) 20 60

Hochschule Anhalt (FH)
Bernburgerstraße 55, 06366 Köthen
Internet: http://www.fh-anhalt.de
Zentrale Studienberatung:
Tel. (0 34 96) 6 72 23

Universität Leipzig
Ritterstraße 26, 04109 Leipzig
Internet: http://www.uni-leipzig.de
Zentrale Studienberatung:
Tel. (03 41) 9 73 20 44

Pädagogische Hochschule Ludwigsburg
Reuteallee 46, 71634 Ludwigsburg
Internet: http://www.ph-ludwigsburg.de
Zentrale Studienberatung:
Tel. (0 71 41) 14 02 34

Universität Lüneburg
Scharnhorststraße 1, 21335 Lüneburg
Internet: http://www.uni-lueneburg.de
Zentrale Studienberatung:
Tel. (0 41 31) 78 12 60

Otto-von-Guericke-Universität Magdeburg
Universitätsplatz 2, 39106 Magdeburg
Internet: http://www.uni-magdeburg.de
Zentrale Studienberatung:
Tel. (03 91) 6 71 22 83

Fachhochschule Magdeburg
Am Krökentor 8, 39104 Magdeburg
Internet: http://www.fh-magdeburg.de
Zentrale Studienberatung:
Tel. (03 91) 6 71 61 06

Johannes Gutenberg-Universität Mainz
Saarstraße 21, 55099 Mainz
Internet: http://www.uni-mainz.de
Zentrale Studienberatung:
Tel. (0 61 31) 39 50 01

Universität Mannheim
Schloss, 68131 Mannheim
Internet: http://www.uni-mannheim.de
Zentrale Studienberatung:
Tel. (06 21) 2 92 53 90

Philipps-Universität Marburg
Biegenstraße 10, 35032 Marburg
Internet: http://www.uni-marburg.de
Zentrale Studienberatung:
Tel. (0 64 21) 2 80

Fachhochschule München
Lothstraße 34, 80225 München
Internet: http://www.fh-muenchen.de
Zentrale Studienberatung:
Tel. (0 89) 12 65 13 73

Ludwig-Maximilians-Universität München
Geschwister Scholl-Platz 1, 80539 München,
Internet: http://www.uni-muenchen.de
Zentrale Studienberatung:
Tel. (0 89) 21 80 23 45

Westfälische Wilhelms-Universität Münster
Schlossplatz 2, 48149 Münster
Internet: http://www.uni-muenster.de
Zentrale Studienberatung:
Tel. (02 51) 8 32 23 57

Carl von Ossietzky Universität Oldenburg
Ammerländer Heerstraße 114–118
26129 Oldenburg
Internet: http://www.uni-oldenburg.de
Zentrale Studienberatung:
Tel. (04 41) 7 98 44 05

Universität Osnabrück
Neuer Graben/Schloss, 49074 Osnabrück
Internet: http://www.uni-osnabrueck.de
Zentrale Studienberatung:
Tel. (05 41) 9 69 49 99

Universität –Gesamthochschule Paderborn
Warburger Straße 100, 33098 Paderborn
Internet: http://www.uni-paderborn.de
Zentrale Studienberatung:
Tel. (0 52 51) 60 20 07

Universität Passau
Dr.-Hans-Kapfinger-Straße 22
94030 Passau
Internet: http://www.uni-passau.de
Zentrale Studienberatung:
Tel. (08 51) 5 09 11 50

Fachhochschule Pforzheim
Tiefenbronnerstraße 65, 75175 Pforzheim
Internet: http://www.fh-pforzheim.de
Zentrale Studienberatung:
Tel. (0 72 31) 28 60 22

Universität Potsdam
Am Neuen Palais 10, 14469 Potsdam
Internet: http://www.uni-potsdam.de
Zentrale Studienberatung:
Tel. (03 31) 9 77 17 15

Universität Regensburg
Universitätsstraße 31, 93053 Regensburg
Internet: http://www.uni-regensburg.de
Zentrale Studienberatung:
Tel. (09 41) 9 43 22 19

Universität Rostock
Universitätsplatz 1, 18051 Rostock
Internet: http://www.uni-rostock.de
Zentrale Studienberatung:
Tel. (03 81) 4 98 12 53

Universität des Saarlandes
Im Stadtwald, 66123 Saarbrücken
Internet: http://www.uni-saarland.de
Zentrale Studienberatung:
Tel. (06 81) 3 02 35 13

**Pädagogische Hochschule
Schwäbisch Gmünd**
Oberbettringer Straße 200
73525 Schwäbisch Gmünd
Internet: http://www.ph-gmuend.de
Zentrale Studienberatung:
Tel. (0 71 71) 98 32 10

Universität Siegen
Herrengarten 3, 57072 Siegen
Internet: http://www.uni-siegen.de
Zentrale Studienberatung:
Tel. (02 71) 7 40 31 17

Universität Stuttgart
Keplerstraße 7, 70174 Stuttgart
Internet: http://www.uni-stuttgart.de
Zentrale Studienberatung:
Tel. (07 11) 1 21 21 33

Universität Trier
Universitätsring 15, 54286 Trier
Internet: http://www.uni-trier.de

Zentrale Studienberatung:
Tel. (06 51) 2 01 27 98

Eberhard-Karls-Universität Tübingen
Wilhelmstraße 7, 72074 Tübingen
Internet: http://www.uni-tuebingen.de
Zentrale Studienberatung:
Tel. (0 70 71) 29 77 27

Hochschule Vechta
Driverstraße 22, 49377 Vechta
Internet: http://www.uni-vechta.de
Zentrale Studienberatung:
Tel. (0 44 41) 1 53 78

Pädagogische Hochschule Weingarten
Kirchplatz 2, 88250 Weingarten
Internet: http://www.ph-weingarten.de
Zentrale Studienberatung:
Tel. (07 51) 50 12 20

Bergische Universität Wuppertal
Gaußstraße 20, 42097 Wuppertal
Internet: http://www.uni-wuppertal.de
Zentrale Studienberatung:
Tel. (02 02) 4 39 25 95

**Bayerische Julius-Maximilians-Universität
Würzburg**
Sanderring 2, 97070 Würzburg
Internet: http://www.uni-wuerzburg.de
Zentrale Studienberatung:
Tel. (09 31) 31 29 14

**Hochschule für Technik, Wirtschaft und
Sozialwesen (FH)**
Theodor-Körner-Allee 16, 02763 Zittau
Internet: http://www.htw-zittau.de
Zentrale Studienberatung:
Tel. (0 35 83) 61 15 05

Fachhochschule Zwickau
Dr.-Friedrichs-Ring 2 a, 08056 Zwickau,
Internet: http://www.fh-zwickau.de
Zentrale Studienberatung:
Tel. (03 75) 5 36 11 84

Stichwortverzeichnis